LA
CLÉ

POUR VIVRE SELON
la Loi de l'Attraction

Un guide simple pour créer la vie de vos rêves

Jack Canfield *et* D.D. Watkins

Traduit de l'anglais par
Renée Thivierge

Éditeur : François Doucet
Traduction : Renée Thivierge
Révision linguistique : L. Lespinay
Correction d'épreuves : Suzanne Turcotte, Nancy Coulombe
Illustrations : © IStockPhotos
Design de la page couverture : Matthieu Fortin
Mise en page : Sébastien Michaud
ISBN 978-2-89565-810-8
Première impression : 2008
Dépôt légal : 2008
Bibliothèque et Archives nationales du Québec
Bibliothèque Nationale du Canada

Éditions AdA Inc.
1385, boul. Lionel-Boulet
Varennes, Québec, Canada, J3X 1P7
Téléphone : 450-929-0296
Télécopieur : 450-929-0220
www.ada-inc.com
info@ada-inc.com

Diffusion
Canada :   Éditions AdA Inc.
France :   D.G. Diffusion
              Z.I. des Bogues
              31750 Escalquens - France
              Téléphone : 05-61-00-09-99
Suisse :   Transat - 23.42.77.40
Belgique :   D.G. Diffusion - 05-61-00-09-99

Imprimé au Canada

Participation de la SODEC.   ʃODEC
Nous reconnaissons l'aide financière du gouvernement du Canada par l'entremise du
Programme d'aide au développement de l'industrie de l'édition (PADIÉ) pour nos activités d'é-
dition.
Gouvernement du Québec - Programme de crédit d'impôt pour l'édition de livres - Gestion
SODEC.

TABLE DES MATIÈRES

REMERCIEMENTS

Nous désirons exprimer notre sincère reconnaissance aux personnes suivantes pour leur participation à la création de ce livre :

D'abord et avant tout, nous aimerions remercier nos familles pour leur patience, leur amour et leur soutien tout au long de ce processus.

Patty Aubery pour sa vision, son engagement et son humour. Tina Renga pour sa joie et son enthousiasme illimité ; Russ Kamalski et Roger Conner pour ses conseils, sa foi et son endurance tout au long de ce projet. Vous avez tous été présents pour nous à chaque étape de ce voyage, et vous avez rempli ce chemin de sagesse, d'amour et d'humour.

Notre éditeur et ami, Peter Vegso, pour son soutien continuel dans cette nouvelle aventure, ainsi que tout le personnel de Health Communications, inc.

Veronica Romero, Lisa Williams, Robin Yerian, Jesse Ianniello, Lauren Edelstein, et Lauren Bray, qui s'occupent des affaires de Jack avec habileté et amour.

Nous sommes vraiment reconnaissants et nous vous aimons tous.

Jack Canfield et D.D. Watkins

EN RECONNAISSANCE

D.D. Watkins aimerait remercier tout spécialement sa fille Marissa pour sa patience tout au long de ce projet et pour avoir été une source constante de beauté et d'inspiration ; son beau-fils Christian pour sa façon toute naturelle de croire et de recevoir ; et Lee pour m'aimer assez pour m'avoir laissée libre lorsque j'ai eu besoin de voler de mes propres ailes. Chaque jour, je suis reconnaissante pour le soutien et l'encouragement de mes sœurs, Melanie, Stephanie et Polly, et pour la créativité, la grâce et la gentillesse de ma mère, Martha, qui m'a enseigné, il y a long-temps, à aimer les mots, la poésie et tout ce qui est magnifique. Vicki, Randi, Georgia, Gram, Daddy, et Frank — mes professeurs et compagnons dans ce voyage… Je vous aime tous, je vous aimerai toujours et je vous suis reconnaissante.

INTRODUCTION

On dit que lorsque l'élève est prêt, le maître arrive. Si vous êtes en train de lire ce livre, vous êtes évidemment prêt à entreprendre la prochaine étape de votre propre évolution. Vous êtes prêt à commencer à créer délibérément et à recevoir encore plus de ce que vous voulez vraiment dans votre vie. En travaillant consciemment et intentionnellement avec la Loi de l'Attraction, vous pouvez créer exactement ce que vous voulez en y mettant moins d'effort et plus de joie.

Alors que plusieurs personnes se réfèrent maintenant à la Loi de l'Attraction comme à un « secret », ce n'est ni un nouveau concept, ni une découverte récente. L'enseignement de cette Loi a fait partie intégrante de précieux enseignements historiques plurimillénaires. En même temps que beaucoup d'autres, j'enseigne ce principe depuis près de trente ans. Depuis la sortie du film *Le Secret* en DVD, et du passage de plusieurs des enseignants qui faisaient partie du film (moi inclus), dans des émissions comme *Oprah, Larry King Live, The Today Show, Montel, The Ellen Degeneres Show*, et *Nightline* ; la prise de conscience de la Loi de l'Attraction fait à présent partie de la culture dominante.

Nous apprenons enfin que nous participons tous à la création de nos vies et que nous sommes tous responsables de l'état du monde dans lequel nous vivons. Nous commençons à nous rendre compte que si nous voulons que les choses changent à un niveau externe, il nous faut alors consentir à effectuer les changements intérieurs nécessaires. Un mouvement est en train de se produire, une transformation dans nos consciences. Ce changement est dans l'air et dans les ondes, et nous pouvons le sentir profondément dans nos âmes. Il semble exister un désir ardent généralisé de revenir à un lieu et à une époque où tout est plus simple et plus joyeux. Intérieurement, nous savons que la vie ne se limite pas à nos expériences personnelles passées. Nous savons qu'il est possible de nous épanouir encore plus et nous sommes prêts à le faire. Nous avons atteint un point où nous avons complété le cycle de notre évolution spirituelle, et nous rêvons de comprendre notre lien avec autrui, le but de notre existence, et nous-mêmes. En tant qu'individus, nous regardons vers l'intérieur, nous remettons nos priorités et nos circonstances en question et nous cherchons une signification plus profonde à nos vies.

Je souhaite qu'avec ce livre, et en acquérant une meilleure compréhension du fonctionnement de la Loi de l'Attraction dans votre vie, vous arriviez à mieux vous connaître vous-même — à acquérir une idée de qui vous êtes vraiment, et pourquoi vous êtes sur cette Terre. Ce simple guide est votre clé. Il peut déverrouiller la porte vers l'avenir que vous désirez et vous guider vers un chemin où vous trouverez plus de joie, de prospérité et d'abondance. Je souhaite qu'en lisant ce livre, vous preniez conscience que vous *pouvez* créer la vie que vous désirez, et qu'en vous servant des outils, stratégies et concepts de base contenus dans ces pages, cela vous conférera un nouveau pouvoir.

Ce n'est pas un hasard si ce livre est entre vos mains. Vous pouvez dès maintenant commencer à vivre une vie vraiment consciente — une vie remplie de buts et de sens. Dès aujourd'hui, vous pouvez commencer à vous reconnecter à votre vérité et à votre sagesse intérieures. Vous pouvez apprendre à faire confiance à votre intuition, à accroître votre conscience, et à respecter vos émotions. En faisant simplement confiance à l'ordre naturel des choses et à un pouvoir supérieur à vous-même, vous pouvez apprendre à lâcher prise et commencer à vivre en un lieu de foi réelle, de gratitude et de joie. En effectuant ces changements, vous commencerez à prendre de plus en plus conscience des miracles qui vous entourent ; et les événements de votre vie commenceront à se présenter dans ce qui vous paraîtra des voies magiques et mystérieuses.

Souvenez-vous que vous êtes inextricablement lié à tous les êtres et à tout ce qui existe dans l'univers, incluant Dieu. Vous l'avez toujours été. En tout temps, l'univers réagit automatiquement à chacune de vos pensées, à chacun de vos sentiments et à chacune de vos actions. L'univers n'a pas le choix ; c'est tout simplement ainsi que les choses fonctionnent. L'univers agit comme un miroir, reflétant vers vous toute l'énergie que vous projetez. Les pensées et l'énergie que vous envoyez dans l'univers ramèneront toujours vers vous, sous une forme ou sous une autre, des choses et des expériences qui correspondent à ces pensées et à cette énergie. C'est la Loi de l'Attraction qui est à l'œuvre dans votre vie. C'est un parfait exemple de notre univers en action, brillamment conçu, une loi universelle immuable. La Loi de l'Attraction explique scientifiquement la coïncidence, l'heureux hasard, et le pouvoir de la prière.

Sachant cela, si vous voulez trouver un plus grand bonheur et un plus grand épanouissement dans votre vie, vous devez commencer à vivre en harmonie avec le rythme naturel de l'univers et en harmonie avec la Loi de l'Attraction. Vous devez choisir de vivre dans la gratitude, dans la paix et avec une conscience supérieure. Vous devez apprendre à rechercher ce qui fait votre bonheur suprême, à savoir ce que vous aimez, et à prendre le temps de trouver la joie dans votre vie. À votre naissance, vous avez reçu le droit d'être heureux, et vous avez l'obligation de vous exprimer par vos dons et par vos talents naturels d'une manière qui vous apporte de la joie. En agissant ainsi, vous faites aussi une contribution essentielle au monde dans lequel nous vivons.

Imaginez un monde où nous vivons tous de cette façon. Un monde où nous reconnaissons tous être pleinement responsables de nos pensées, de nos actions et des résultats qu'ils produisent, et où nous devenons plus aimants, plus généreux, plus compatissants et où nous apprenons à apprécier les gens. L'observation de la Loi de l'Attraction, conduit naturellement vers un état de joie et d'abondance toujours croissant. En devenant plus heureux et plus reconnaissants, nous créons une correspondance vibratoire pour tout le bien que l'univers a à nous offrir, et nous commençons à modifier l'énergie de la planète toute entière.

C'est la clé de la réussite authentique.

C'est la clé qui permet de vivre la Loi de l'Attraction.

Votre voyage commence ici, dès maintenant. Donnez-vous du pouvoir — servez-vous de cette clé, déverrouillez les portes, et prenez simplement ce chemin que je vous offre.

Je vous guiderai à chaque étape du voyage. En vivant la Loi de l'Attraction d'une façon consciente et délibérée, vous transformerez votre vie, et vous changerez ainsi votre manière de participer à cette communauté globale. Vous pouvez changer votre façon de penser, vous pouvez transformer votre vie, et vous pouvez changer le monde.

Commencez à vivre la vie que vous êtes censé vivre. Il y a une raison à votre présence ici, et le monde a besoin de ce que vous avez à offrir.

Imaginez l'avenir que vous désirez.
Créez la vie de vos rêves.

Voyez-la, ressentez-la, croyez-y.

*La foi c'est avoir confiance dans la force
qui gouverne l'univers.
Avoir la foi, ce n'est pas être aveugle,
c'est être visionnaire.
La foi, c'est croire que l'univers est de notre côté,
et que l'univers sait ce qu'il fait.*
·Auteur inconnu

(1)
LA LOI DE L'ATTRACTION

La compréhension de la Loi de l'Attraction est la clé qui nous permettra de créer la vie de nos rêves.

La Loi de l'Attraction est la loi la plus puissante de l'univers. Tout comme la gravité, elle est toujours active, toujours en mouvement. *Ses effets se font sentir dans votre vie en ce moment même.*

En quelques mots, la Loi de l'Attraction dit que vous attirerez dans votre vie ce sur quoi vous vous concentrez. Vous recevrez en retour tout ce vers quoi vous dirigez votre énergie ou votre attention. Donc, si vous vous concentrez sur ce qui est bon et positif dans votre vie, vous attirerez automatiquement les choses bonnes et positives. Si vous êtes axé sur le manque et sur la négativité, *c'est ce que* vous attirerez dans votre vie.

> *Vous êtes ce à quoi vous pensez,*
> *tout le long du jour.*
> Dr Robert Schuller

Vous êtes *constamment* en état de création. Vous l'avez toujours été. Chaque moment de chaque jour, vous créez votre réalité. Chacune de vos pensées crée votre avenir —

que ce soit de façon consciente ou subconsciente. Vous ne pouvez prendre une pause et décider de *ne pas* créer, puisque la création ne cesse jamais. La Loi de l'Attraction n'arrête jamais de fonctionner.

La clé de votre succès dépend donc de votre compréhension du mode d'opération de cette loi. Si vous voulez transformer votre vie, et découvrir votre propre pouvoir de créer un futur étonnant, il vous faut comprendre le rôle que vous jouez dans la Loi de l'Attraction.

> *Laisser la vie advenir est irresponsable.*
> *Créer votre journée est votre droit divin.*
> Ramtha

Voici comment cela fonctionne : ce qui se ressemble s'assemble. Lorsque vous vous sentez excité, enthousiaste, passionné, heureux, joyeux, reconnaissant ou dans l'abondance, vous libérez alors de l'énergie *positive*. D'un autre côté, si vous avez l'impression de vous ennuyer, si vous êtes inquiet, stressé, fâché, rempli de ressentiment, ou triste, vous libérez de l'énergie *négative*. Suivant la Loi de l'Attraction, l'univers réagira avec enthousiasme à ces deux types de vibrations. Il ne décide pas lequel est le meilleur pour vous, il ne fait que réagir à *n'importe quel* type d'énergie que vous créez, et il vous redonne autant de cette même sorte d'énergie. Vous recevez exactement ce que vous libérez. Tout ce que vous pensez et tout ce que vous ressentez, à un moment donné, constitue essentiellement votre requête à l'univers pour recevoir plus de cette même chose.

Étant donné que les vibrations de votre énergie attireront vers vous une énergie qui a les mêmes fréquences, vous devez vous assurer que vous envoyez continuellement de l'énergie, des pensées et des sentiments qui sont en accord avec ce que vous voulez attirer dans votre vie. Si c'est l'amour et la joie que vous voulez attirer, alors vous voudrez créer les fréquences vibratoires de l'amour et de la joie.

Voyons-le de cette façon — cela ressemble beaucoup à la transmission et à la réception d'ondes radioélectriques. Votre fréquence doit correspondre à la fréquence de ce que vous voulez recevoir. Vous ne pouvez régler votre radio à 98,7 sur votre appareil FM et vous attendre à écouter une station qui émet le 103,3. Ça ne fonctionnera tout simplement pas. Votre énergie doit se synchroniser avec — ou correspondre à — la fréquence d'énergie de l'émetteur. Vous devez donc régler votre vibration à une fréquence positive si vous voulez attirer l'énergie positive vers vous.

Le diapason est un autre bon exemple. Lorsque vous frappez sur un diapason, vous l'activez pour qu'il émette une fréquence ou un son particulier. Par exemple, dans une salle remplie de diapasons, *seuls* ceux qui sont réglés à une fréquence absolument identique répondront en vibrant. Ils réagiront automatiquement à la fréquence qui correspond à la leur. Il s'agit donc ici de *vous régler* pour résonner à une fréquence qui est en harmonie à ce que vous voulez attirer. Si vous désirez créer un futur positif, vous devez voir à ce que votre énergie, vos pensées et vos sentiments demeurent dans la gamme positive.

Vous pouvez apprendre à gérer vos pensées et vos émotions, et à maintenir une correspondance vibratoire agencée à ce que vous voulez attirer, en apprenant à répondre consciemment, au lieu de simplement réagir inconsciemment aux situations de votre vie. La plupart d'entre nous traversent la vie en réagissant automatiquement et inconsciemment aux choses et aux événements qui se produisent autour de nous. Il se peut que vous viviez une journée difficile, que vous ayez eu une crevaison, ou peut-être que quelqu'un vous a traité injustement. Disons que dans vos pensées et par vos émotions, vous réagissez de façon négative à ces situations. Vous vous fâchez, vous devenez frustré ou inquiet. Dans ce cas, vous *réagissez inconsciemment* à la situation au lieu d'y *répondre consciemment*, et vos pensées et vos émotions, qui sont chargées négativement, passent automatiquement une commande à l'univers pour recevoir le même type d'expériences négatives. Si vous voulez créer un résultat plus positif, vous devez apprendre à répondre consciemment d'une façon différente et plus positive.

> *Si vous faites ce que vous avez toujours fait,*
> *vous obtiendrez ce que vous avez toujours obtenu.*
> Anthony Robbins

La bonne nouvelle, c'est qu'une fois que vous comprenez la Loi de l'Attraction et son fonctionnement, vous pouvez commencer à créer consciemment et intentionnellement une vie meilleure. Vous pouvez *choisir* de répondre différemment aux situations qui se produisent pendant votre journée. Vous pouvez *choisir* de penser différemment. Vous pouvez *choisir* de vous concentrer et de penser à ce que vous voulez le plus dans votre vie. Vous pouvez *choisir* d'expérimenter plus de ces choses qui vous rendent bien. Vous pouvez *choisir* de participer délibérément à la création de votre avenir en gérant vos pensées et vos sentiments.

> *Votre avenir se crée par ce que vous faites*
> *aujourd'hui, et non pas demain.*
> Robert Kiyosaki

Attendez-vous à des miracles

La Loi de l'Attraction permet *d'infinies* possibilités, une abondance *infinie* et une joie *infinie*. Elle ne connaît pas de degrés de difficulté, et elle peut transformer votre vie à tous les égards.

Afin de vraiment comprendre le fonctionnement de la Loi de l'Attraction dans votre vie, nous devons examiner certains éléments.

Commençons par le commencement.

L'univers est changement :
ce sont nos pensées qui créent notre vie.
Marc Aurèle

(2)
CE QUE VOUS ÊTES

Vous êtes énergie

Pure et simple. Vous êtes constitué de la même matière que le soleil, la lune et les étoiles. Vous êtes rempli d'énergie intelligente sous forme d'un corps humain qui peut marcher et parler. Vous êtes fait de cellules et celles-ci sont fabriquées d'atomes, qui à leur tour, sont composés de particules subatomiques. Mais que sont les particules subatomiques ? DE L'ÉNERGIE !

Tout est énergie

Toute matière est énergie.

L'énergie ne peut être créée ou détruite.

L'énergie est la cause et l'effet en elle-même.

Elle est également présente partout, à tout moment.

L'énergie est continuellement en mouvement et ne se repose jamais.

Elle se déplace à jamais d'une forme à une autre.

L'ÉNERGIE SUIT LA PENSÉE.

Il n'y aucune pièce en trop dans l'univers.
Chacun est ici parce qu'il ou elle
a une place à remplir et chaque pièce doit cadrer
dans le grand puzzle.
Deepak Chopra

Vous êtes connecté

Vous êtes connecté à tout et à chacun. Vous êtes une pièce absolument unique d'un bien plus grand tout, une partie intégrale du cosmos. Vous débordez d'énergie dans un champ d'énergie beaucoup plus grand. Vous faites partie d'un pouvoir beaucoup plus grand ; vous faites partie de Dieu. La sagesse de l'univers tout entier est la vôtre et elle n'attend que vos demandes.

Pensez à Internet. Vous ne pouvez le voir ni le toucher, mais vous savez qu'il existe. Il est réel. C'est un lien d'énergie invisible qui nous relie tous les uns aux autres. Vous êtes connecté à chacun et à chaque chose à peu près de la même façon.

Vous est-il déjà arrivé, avec des gens dont vous êtes très près, de découvrir que vous êtes capable de terminer une phrase à leur place, ou que vous dites tous les deux exactement la même chose en même temps ? Il ne s'agit pas d'une coïncidence, c'est une connexion ! C'est un exemple parfait de la façon dont nous sommes vraiment liés à tous ceux qui nous entourent.

Nous avons tous fait l'expérience, alors que nous commençons à penser à quelqu'un, peut-être quelqu'un que nous n'avons pas vu ou à qui nous n'avons pas parlé depuis des années, et presque au même moment, le téléphone sonne et c'est cette même personne qui se trouve à l'autre bout de la ligne. « Je pensais justement à toi », nous exclamons-nous tout étonnés. En réalité, nous avions détecté l'*intention* de cette personne de nous téléphoner, avant même qu'elle n'ait fait le geste. Nos pensées voyagent à travers le temps et l'espace à une vitesse incroyable. À travers votre connexion, vous avez été capable de capter l'énergie de ses pensées et de ses intentions avant même qu'elle n'ait composé le numéro ; ou peut-être était-ce le fait que vous pensiez à cette personne qui l'a incitée à vous téléphoner.

> *Grâce à la Loi de l'Attraction,*
> *chacun de vous est comme un aimant puissant,*
> *en attirant davantage ce que vous ressentez*
> *en tout temps.*
> Esther et Jerry Hicks

Vous êtes un aimant

Vous êtes un aimant vivant. Vous attirez *littéralement* les choses, les gens, les idées et les circonstances qui vibrent et qui résonnent à la même fréquence d'énergie que la vôtre. Votre champ d'énergie se modifie constamment, basé sur vos pensées et sur vos sentiments, et l'univers agit comme un miroir, vous renvoyant un reflet de l'énergie que vous projetez. Plus vos pensées et vos émotions sont fortes et intenses, plus la force magnétique est grande. Ce processus ne requiert pas d'effort réel ; un aimant « n'essaie » pas d'attirer quelque chose — il le fait naturellement, il en va de même pour vous ! Vous êtes toujours dans le processus d'attirer *quelque chose* dans votre vie.

Vous rendez-vous compte qu'à cet instant même votre vie est le résultat de tout ce que vous avez pensé, fait, cru ou ressenti jusqu'à maintenant ? Vous pouvez commencer immédiatement à attirer consciemment et délibérément *tout* ce que vous désirez dans cette vie. La Loi de l'Attraction vous permet d'attirer des gens, des ressources, de l'argent, des idées, des stratégies et des circonstances — littéralement tout ce dont vous avez besoin pour créer le futur de vos rêves.

*Tout ce que nous sommes
est le résultat de nos pensées.*
Bouddha

Vous êtes puissant

Vous êtes beaucoup plus puissant que vous n'en avez conscience. Vous créez tout dans votre vie. Une fois que vous acceptez totalement cette réalité, et que vous en prenez la responsabilité, vous pouvez accomplir *tout* ce que vous décidez d'entreprendre. Vous êtes l'auteur de votre propre vie, et vous pouvez choisir de prendre la direction que vous souhaitez.

Vous avez la capacité de changer votre vie.
Vous avez la capacité de créer le futur que vous désirez.
Vous possédez un potentiel *illimité !*

*Une fois que vous prenez une décision,
l'univers conspire à sa réalisation.*
Ralph Waldo Emerson

(3)
QUI VOUS ÊTES

Les pensées sont tangibles

Vos pensées ne sont pas que de légers petits nuages qui dérivent dans votre cerveau. Vos pensées sont *tangibles*. Elles sont en fait des *unités mesurables d'énergie*. Les pensées sont des impulsions biochimiques électriques. Ce sont des vagues d'énergie qui semblent pénétrer temps et espace.

> *La pensée est l'action qui se prépare.*
> Sigmund Freud

Vos pensées sont puissantes.
Elles sont réelles, elles sont mesurables, elles sont énergie.

Chacune de vos pensées est une déclaration de vos désirs à l'univers. Chacune de vos pensées crée un changement physiologique dans votre corps. Vous êtes un produit de toutes les pensées que vous avez conçues, de tous les sentiments que vous avez ressentis, et de toutes les actions que vous avez entreprises jusqu'à maintenant. Et… les pensées que vous concevez aujourd'hui, les sentiments que vous ressentez aujourd'hui, et les actions que vous entreprenez aujourd'hui détermineront vos expériences de demain. Il est donc impératif que vous appreniez à

27

penser et à vous comporter d'une manière positive, en conformité avec ce que vous voulez définitivement être, faire, et expérimenter dans la vie.

> *Le jeu de la vie est un jeu de boomerang.*
> *Nos pensées, nos actions et nos paroles*
> *nous reviennent tôt ou tard*
> *avec une précision stupéfiante.*
>
> Florence Shinn

Les pensées affectent votre corps

À partir des tests de polygraphe, ou de détecteur de mensonges, nous avons appris que votre corps réagit à vos pensées. Elles modifient votre température, votre rythme cardiaque, votre pression sanguine, votre rythme respiratoire, votre tension musculaire et le degré de transpiration de vos mains. Supposons que vous êtes branché à un détecteur de mensonges et qu'on vous pose la question : « Avez-vous volé l'argent ? » Si vous avez effectivement volé l'argent et que vous mentez, il se peut que vos mains transpirent, que votre respiration s'accélère, et que vos muscles se tendent. Ce type de réactions psychologiques se produit non seulement quand vous mentez, mais en réaction à *chacune* de vos pensées. *Chaque cellule de votre corps est modifiée par chacune de vos pensées !*

> *J'admets que les pensées influencent le corps.*
> Albert Einstein

Par conséquent, vous pouvez constater l'importance d'apprendre à penser aussi positivement que possible. Les pensées négatives sont toxiques, et elles ont des effets négatifs sur votre corps. Elles vous affaiblissent, vous font transpirer, provoquent de la tension musculaire, et créent même un environnement plus acide dans votre corps. Elles augmentent la probabilité de cancer (les cellules cancéreuses se développent mieux dans un environnement acide) et d'autres maladies. Les pensées négatives émettent aussi une vibration d'énergie négative et attirent encore plus d'expériences de la même vibration.

D'un autre côté, les pensées positives auront des effets positifs sur votre corps. Grâce à elles, vous vous sentirez plus détendu, plus équilibré et plus alerte. Elles stimulent la libération d'endorphine dans votre cerveau, réduisent la douleur et augmentent le plaisir. De plus, vos pensées positives envoient une vibration d'énergie qui attire encore plus d'expériences positives dans votre vie.

> *Il a maintenant été prouvé*
> *scientifiquement, qu'une pensée positive*
> *est des centaines de fois plus puissante*
> *qu'une pensée négative.*
> Michael Bernard Beckwith

Votre esprit conscient et inconscient

La plupart d'entre nous reconnaissent assez bien nos pensées conscientes, mais il est aussi important d'être au fait de nos pensées inconscientes. Notre subconscient est pratiquement maître du jeu, et puisque la majorité d'entre nous ont une cassette négative qui joue constamment dans notre tête, nous envoyons continuellement des messages négatifs. Vous devez apprendre à reprogrammer votre subconscient et à transformer vos pensées négatives intérieures en pensées saines et positives. En examinant de plus près vos croyances et votre image de vous-même, vous pouvez travailler à éliminer toutes les idées limitatives ou négatives. Ce dialogue négatif ressemble à de l'électricité statique ou à de l'interférence lors d'un appel téléphonique. Il interférera avec les fréquences de vos intentions positives, les déformera et les bloquera même. Si vous ne supprimez pas ce genre de dialogue, il réduira votre capacité de créer et de manifester le futur que vous souhaitez.

> *Parfois vous devez tout laisser aller...*
> *vous purger. Si quelque chose vous rend*
> *malheureux, peu importe ce qui vous abat,*
> *débarrassez-vous-en. Car vous découvrirez que*
> *lorsque vous êtes libre, votre vraie créativité,*
> *l'être que vous êtes réellement, apparaît.*
> Tina Turner

Malheureusement, beaucoup d'entre nous ont une tendance assez persistante à nous en tenir à nos anciennes pensées et images négatives de soi. C'est notre zone de confort — nous nous sommes habitués à nos concepts familiers de réalité, et nous sommes portés à nous accrocher à nos croyances inconscientes d'insuffisance, de peur et de doute. La plupart de ces pensées et sentiments limitatifs découlent d'incidents, de croyances et d'expériences du passé. Avec les années nous les avons intériorisés et transformés en nos vérités personnelles. À moins que nous ne prenions la décision consciente de les aborder, de les libérer et de nous en défaire, il est possible que ces concepts négatifs nous sabotent et nous empêchent de réaliser le maximum de notre croissance et de notre potentiel.

Pensez seulement à essayer de conduire une voiture lorsque vous avez actionné le frein à main. Peu importe vos tentatives d'accélération, le frein vous ralentira, mais dès que vous l'enlevez — automatiquement, vous roulerez plus vite et sans effort. Vos pensées, vos sentiments et vos comportements limitatifs ressemblent à une sorte de frein à main *psychologique*. Si vous ne faites pas un effort convaincu pour les abandonner et pour les remplacer par des pensées et des croyances plus positives, ils vous affaibliront et vous ralentiront.

Vous devez consentir à vous libérer de votre programmation mentale négative, et à abandonner votre zone de confort pour faire place à un système positif et sain d'image de soi et de croyances. Vous déplacerez ainsi votre vibration énergétique, ce qui vous permettra d'attirer plus facilement et plus efficacement l'énergie positive et les expériences que vous souhaitez dans votre vie.

Les croyances sont tout simplement vos pensées habituelles, et il est possible de les modifier par des affirmations, un dialogue positif, des changements de comportement, et des techniques de visualisation. Ce sont tous des outils très efficaces qui permettent de libérer ces anciens modèles de pensées négatives. Nous traiterons de chacune de ces puissantes techniques dans les prochains chapitres.

Si vous découvrez que votre programmation négative est si profondément enracinée qu'il vous est extrêmement difficile de vous en défaire, peut-être serait-il bon de faire l'essai d'une approche différente. J'ai découvert trois techniques de libération extrêmement puissantes. Elles sont très efficaces pour libérer les modèles négatifs de pensées, de croyances et d'émotions. Ces techniques sont :

The Sedona Method par Hale Dwoskin
(www.sedonamethod.com)
The Work of Byron Katie
(www.TheWork.com)
The Emotional Freedom Technique
(www.emofree.com)

Chacun de ces sites Internet contient de l'information sur des livres, des cours audio et des séminaires qui vous aideront à apprendre à libérer rapidement et puissamment votre programmation mentale négative pour retourner à un état de pure conscience.

Ce que l'esprit de l'homme peut concevoir et croire,
il peut aussi le réaliser.

Napoléon Hill

Votre esprit conscient

Le conscient est la partie de vous qui pense et qui raisonne — c'est la partie de votre esprit dont vous vous servez pour prendre des décisions quotidiennement. C'est là que se situe votre libre arbitre, et c'est au moyen de votre conscient que vous pouvez décider exactement ce que vous voulez créer dans votre vie. Grâce à cette partie de votre cerveau, vous pouvez accepter ou rejeter toute idée. Aucune personne ou circonstance ne peut vous forcer à penser consciemment à des pensées ou à des idées que vous ne choisissez pas. Bien sûr, les pensées que vous *choisissez* finiront par déterminer le cours de votre vie. Avec de l'entraînement et un peu d'effort discipliné, il vous sera possible d'apprendre à diriger vos pensées seulement vers celles qui permettront aux rêves et objectifs que vous aurez choisis de se manifester. Votre esprit conscient est puissant, mais c'est la partie la plus limitée de votre esprit.

L'esprit conscient possède :

Une capacité de traitement limitée

Une mémoire à court terme (environ 20 secondes)

La capacité de traiter 1 à 3 événements en même temps

Des impulsions qui voyagent entre 195 et 225 km/h

La capacité de traiter une moyenne de 2000 bits d'information par seconde

Votre esprit inconscient

Votre subconscient est en fait beaucoup plus spectaculaire. On s'y réfère fréquemment comme à votre esprit spirituel ou universel ; il ne connaît aucune limite, sauf pour celles que *vous* choisissez consciemment. Votre image de vous-même et vos habitudes habitent dans votre subconscient. Celui-ci est présent dans chaque cellule de votre corps. C'est la partie de votre cerveau qui est connectée à votre Soi supérieur d'une façon beaucoup plus importante que ne l'est votre conscience. C'est votre lien à Dieu, votre lien à la Source et à l'Intelligence universelle infinie.

Votre subconscient est naturel et intemporel, et il ne fonctionne qu'au temps présent. Il entrepose vos expériences d'apprentissage passées et vos souvenirs, et il contrôle toutes les opérations de votre corps, les fonctions motrices, le rythme cardiaque, la digestion, etc. Votre subconscient comprend les choses de façon *littérale*, et il acceptera chaque pensée que votre conscience choisit de penser. Il ne possède aucune capacité de rejeter les concepts ou les idées. Cela signifie que nous pouvons choisir d'utiliser notre esprit conscient pour délibérément reprogrammer nos croyances inconscientes, et le subconscient *doit* accepter les nouvelles idées et croyances ; il ne peut les rejeter.

Nous sommes à vrai dire capables de prendre *consciemment* la décision de modifier le contenu de notre *subconscient* !

> **L'esprit inconscient possède :**
>
> Une capacité <u>élargie</u> de traitement
>
> Une mémoire à <u>long terme</u> (expériences passées, attitudes, valeurs et croyances)
>
> La capacité de gérer des <u>milliers</u> d'événements en même temps
>
> Des impulsions qui voyagent à plus de <u>160 000 km/h</u>
>
> La capacité de traiter une moyenne de <u>4 000 000 000</u> bits d'information par seconde

Comme vous pouvez le constater, l'esprit inconscient est *beaucoup* plus puissant que l'esprit conscient. Pensez à votre esprit comme à un iceberg. La partie de l'iceberg que vous voyez — la partie au-dessus de l'eau — est votre *esprit conscient*. Elle ne représente qu'environ un sixième de votre capacité mentale ; la partie sous l'eau (l'autre cinq sixième) représente votre subconscient. Lorsque nous fonctionnons principalement à partir de la conscience (comme nous le faisons habituellement), nous n'utilisons qu'une fraction de notre véritable potentiel. L'esprit conscient est un véhicule beaucoup plus lent et beaucoup plus encombrant que le subconscient.

Notre objectif consiste donc à apprendre à exploiter le vaste pouvoir de notre subconscient, de façon à l'utiliser à notre avantage. Chaque jour, nous devons créer de l'espace pour « nous connecter » à notre subconscient spirituel. En consacrant du temps quotidiennement, à un moment paisible et sans aucune distraction extérieure, nous renforcerons notre lien avec l'être que nous sommes vraiment. Nous pouvons nous connecter à notre subconscient en nous servant de plusieurs techniques : les affirmations, la visualisation, la prière, la contemplation et la méditation, la gratitude et la reconnaissance, et des techniques de concentration positive.

Notre subconscient peut nous emmener où nous voulons nous rendre et nous aider à atteindre plus rapidement et plus facilement nos buts dans la vie que ne pourrait jamais le faire notre esprit conscient. Donc, en nous connectant avec l'étonnante rapidité, le pouvoir et l'agilité de notre subconscient et en utilisant ces capacités, nous pouvons commencer à utiliser la Loi de l'Attraction de manière délibérée pour attirer et créer plus efficacement les résultats que nous désirons.

À l'intérieur de vous, maintenant, se trouve le pouvoir de faire des choses que vous n'avez jamais crues possibles. Ce pouvoir devient disponible dès que vous modifiez vos croyances.
Dr Maxwell Maltz

·(4)·
ÉMOTIONS

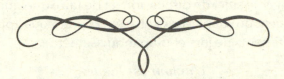

Vos émotions sont la clé

Pour appliquer la Loi de l'Attraction, il est essentiel de tenir compte de vos émotions. Apprenez à les écouter — elles constituent un important système de feed-back intérieur qui vous communique la réaction viscérale de votre corps à l'état vibratoire que vous êtes en train de créer. Vous créez cette fréquence vibratoire avec *tout* ce à quoi vous accordez votre attention — vos pensées, vos croyances, l'émission de télévision que vous regardez, la musique que vous écoutez, le livre que vous êtes en train de lire, avec *toute activité* dans laquelle vous vous engagez.

Vos sentiments font partie de votre système de guidance interne. Lorsque vous vous sentez joyeux et que vous avez l'impression de vous épanouir, cela signifie tout simplement que vous êtes *sur la bonne trajectoire* — les choses sur lesquelles vous vous concentrez, les pensées que vous concevez ou créez, les idées que vous entretenez, et les activités dans lesquelles vous vous engagez vous entraînent dans la direction de votre but, de vos rêves et de vos désirs.

Lorsque vous ressentez de la colère, de la tristesse, de la dépression et du désespoir — tous ces sentiments qui

vous donnent une impression de contraction physique —
cela indique que vos pensées et vos attentes ne vous
conduisent *pas* vers votre but, vos rêves, ou vos désirs.
C'est un feed-back qui vous dit que vous n'êtes *pas sur la
bonne trajectoire*. Vos émotions vous annoncent qu'il est
temps d'avoir des pensées plus inspirantes, de modifier
votre centre d'intérêt, de vous brancher sur un autre canal,
de changer le sujet de discussion, et de faire quelque chose
de différent qui déplacera votre énergie et vous apportera
des sentiments de joie et d'épanouissement.

> *L'amour est la vie.*
> *Et si vous manquez l'amour,*
> *vous manquez la vie.*
> Leo Buscaglia

Puisque c'est votre état vibratoire qui attire les objets de
votre désir, il est impératif de voir à ce que vos émotions
soient aussi positives que possible. Efforcez-vous de garder
vos émotions dans la gamme positive — des sentiments
comme la joie, l'amour, le bonheur, l'euphorie, la satisfaction, le soulagement, la fierté, la gratitude, la détente et la
sérénité.

Ces sentiments élèveront votre niveau vibratoire
et créeront une « correspondance vibratoire » pour les
expériences que vous espérez vivre lorsque vos rêves se
concrétisent. Souvenez-vous, les choses qui se ressemblent
s'attirent. C'est ce qui est semblable à une chose qui est
attiré par cette chose. Donc, en créant délibérément les
états émotionnels positifs qui correspondent au sentiment
que nous éprouverons, lorsque nous compléterons et
atteindrons nos objectifs et nos désirs, nous créons un
champ d'énergie qui attirera l'objet de nos désirs. C'est
aussi pour cette raison qu'il est si important d'apprendre
à répondre consciemment aux circonstances, plutôt que de

simplement y réagir inconsciemment, et cela vous permet aussi de gérer vos émotions.

Donc, engagez-vous dans des activités qui vous font vous sentir bien — soyez passionné et enthousiasmé par votre vie ! Lorsque vous ressentez complètement et profondément vos émotions, vous irradiez des fréquences plus intenses dans l'univers. Plus vos sentiments sont forts et intenses, plus le processus d'attraction vibratoire s'accélère.

Il est absolument essentiel que vous trouviez le temps de faire ce que vous aimez et que vous preniez soin de vous-même de cette façon — peu importe dans quelle mesure votre vie est déjà occupée.

Les chercheurs ont découvert que ce que vous *ressentez* est beaucoup plus important que ce que vous pensez ou que ce que vous dites. *Vos émotions ne mentent jamais.* Elles sont les véritables indicateurs de vos pensées et elles révèlent si oui ou non vous agissez en conformité avec votre vérité personnelle et avec les désirs qui proviennent du fond de votre cœur. Ne les ignorez pas et n'essayez pas de les raisonner. Si vos émotions ne font pas partie de la gamme positive (espoir, attente, gratitude, amour et joie), ou bien, vous les libérez ou vous choisissez tout simplement une *meilleure* pensée. Il vous faut donc choisir une pensée qui crée un meilleur sentiment, ou simplement modifier ce que vous êtes en train de faire et accomplir, plutôt, quelque chose qui vous plaît. Allez faire une promenade, faites jouer de la musique, caressez votre chat, prenez la situation en main et faites *quelque chose* pour vous replacer dans cette gamme positive d'émotions !

> *Tout ce que vous voyez se réaliser*
> *est la conséquence de ce que vous êtes.*
> David R. Hawkins

Feed-back interne et externe

N'oubliez pas que la joie constitue votre système de guidance intérieure. C'est votre dispositif personnel *de feed-back interne.* Si vous vous sentez excité, heureux et joyeux, il est alors probable que vous êtes sur la bonne piste, et que vous vivez en conformité avec votre vérité personnelle. Si vous vous sentez déprimé, triste ou misérable, vous n'êtes probablement pas sur la bonne voie. C'est aussi simple que cela. Lorsque vous êtes en état de joie ou de bonheur, c'est que vous êtes en train de faire quelque chose qui fonctionne, continuez à le faire. Soyez sensible à la façon dont vous vous sentez, et réglez votre compas au point « joie ». Votre bonheur, à ce moment très précis, est la clé pour attirer plus de bonheur dans l'avenir.

Alors, en plus de ce feed-back interne, vous recevez aussi constamment du feed-back *externe* — des messages de l'univers. Ce feed-back vous arrive sous différentes formes. Il consiste en des signaux subtils, et certains moins subtils, qui vous viennent d'autres personnes, de situations et d'événements dans votre vie. Vous avez certainement fait l'expérience de ces moments où les choses semblent tout simplement « cliquer » et que tout s'emboîte pour vous en douceur et sans effort. Vous vous sentez appuyé dans vos actions et dans vos tentatives. C'est le *feed-back externe* qui vous dit que vous êtes *sur la bonne trajectoire.*

Tout à l'opposé, à certains moments, vous rencontrez de la résistance continuellement, et rien ne semble fonctionner, malgré tous vos efforts. C'est l'univers qui vous fournit du feed-back externe pour vous protéger et vous laisser savoir que vous n'avez *pas pris la bonne trajectoire.* Vous nagez en amont, contre le courant. Ces systèmes de guidance internes et externes vous feront connaître le moment où vous serez sur le bon chemin, et celui où vous serez sur le mauvais. Vous n'avez qu'à apprendre à écouter ce qu'ils vous disent. Ils vous guideront si vous leur permettez de le faire.

> *Chaque fois que j'ai fait quelque chose*
> *où je sentais que ça n'allait pas,*
> *le résultat n'a pas été bon.*
>
> Mario Cuomo

Bien entendu, à certains moments de notre vie, nous devrons vivre de la tristesse, du deuil et du chagrin. C'est le flux et le reflux naturel de la vie, et s'il n'y avait pas la noirceur, nous n'apprécierions pas la lumière. Ces moments douloureux sont souvent des occasions sous-estimées de croissance émotionnelle et spirituelle. Ils nous fournissent peut-être le cadre de référence dont nous avons tant besoin et ils nous aident, par contraste et comparaison, à reconnaître et à apprécier toutes les bénédictions de nos vies.

Il est évidemment plus difficile d'être positifs dans nos pensées et dans nos sentiments lorsque nous avons de la peine et que nous traversons une période sombre. Sachez seulement que vous *avez* un choix dans votre façon de répondre à la situation ou de la percevoir. Il n'existe pas vraiment de « bons » ou de « mauvais » événements dans notre vie ; nos propres idées préconçues et nos perceptions au sujet de certaines choses nous dictent notre façon de voir les choses, nous ne pouvons donc voir ces choses différemment. D'une certaine façon, *tout* ce qui se produit dans nos vies nous fournit une occasion de croissance. Essayez de vous souvenir que tout événement apparemment négatif peut aussi devenir la semence de quelque chose de superbe et de bénéfique.

Il n'y a pas d'erreurs, pas de coïncidences.
Tous les événements sont des bénédictions qui
nous sont données pour notre apprentissage.
Elisabeth Kübler-Ross

Émotions positives et négatives

Peut-être avez-vous remarqué que lorsque vous vous sentez reconnaissant, heureux, ou joyeux, vous avez une impression de légèreté et de grandeur. Vous vous sentez connecté. Vous vous sentez *vivant !* C'est votre état d'être naturel. *C'est ce que votre vie était censée être.* Cherchez à vivre dans un état de joie, d'émerveillement et de gratitude. Ces émotions positives expansives vous font vous sentir bien et élèvent votre fréquence vibratoire. Dans ce lieu d'amour et de joie, vous faites un avec Dieu, et vous êtes un aimant pour toute la beauté et l'abondance que le monde peut offrir.

D'un autre côté, les émotions négatives, comme la haine, la colère, la jalousie et la peur, créent l'effet contraire. Elles abaissent votre fréquence vibratoire et vous vous sentez inquiet, tendu et diminué. Elles peuvent créer des affections physiques et des maladies. Les émotions négatives entraînent invariablement un sentiment de séparation et de déconnexion. On dirait un mur de pierre — une barrière à la joie que vous êtes vraiment. Ces émotions bloqueront effectivement le flot d'énergie positive dans votre vie et ne serviront qu'à attirer plus d'énergie négative.

Donc, si vous êtes resté accroché à des sentiments de colère, de peur, de ressentiment ou de trahison, il est maintenant temps de les laisser aller. Libérez-vous de ces anciennes façons de penser et de ces modèles de comportement, et commencez à vivre dans le présent. En vous concentrant sur votre douleur ou sur votre colère, vous ne faites qu'attirer encore plus de circonstances négatives et malsaines dans votre vie. Vous devez faire place aux sentiments positifs et aux expériences que vous voulez, attirer.

La colère vous diminue,
alors que le pardon vous oblige à grandir
au-delà de ce que vous étiez.
Cherie Carter-Scott

Le pardon

L'acte de pardonner est un processus nécessaire et vraiment transformateur. Vous devez être prêt à pardonner à toute personne ou situation qui vous a causé de la douleur, et à la libérer. En vous accrochant aux anciennes pensées et émotions négatives, vous ne vous nuisez qu'à vous-même et vous attirez encore plus d'énergie négative. On dit que lorsque vous refusez de pardonner à quelqu'un, c'est comme si vous buviez du poison et que vous vous attendiez à ce que l'autre personne tombe malade ! Il vous suffit de bénir la personne ou la situation, et leur souhaiter du bien. Pardonnez-leur, oubliez-les et préparez-vous aussi à vous pardonner à vous-même, au besoin.

En reconnaissant votre passé positif et en libérant votre passé négatif — vous êtes en mesure de faire de la place à un avenir magnifique. Le vrai pardon est extrêmement cathartique — il vous purifiera et vous libérera. C'est un processus incroyablement puissant qui vous transportera immédiatement d'un lieu de douleur et de colère vers la fréquence vibratoire supérieure de l'amour.

S'il y a quelque chose que vous ne vous êtes pas
pardonné, comment pourrez-vous pardonner aux
autres ?
Dolores Huerta

Étant donné que la Loi de l'Attraction réagit à l'énergie vibratoire de vos pensées et de vos émotions, vous devez concentrer votre attention sur les choses qui vous poussent vers un état de vibration positive. Plusieurs experts de la Loi de l'Attraction disent que rien n'est plus important que de se *sentir bien*. Donc, trouvez le temps de faire ce qui vous rend joyeux et heureux. Écoutez la musique que vous aimez. Marchez sur la plage. Faites quelque chose de gentil pour quelqu'un d'autre. Traitez-vous bien. Décidez consciemment de choisir des pensées positives et d'être une correspondance vibratoire pour ce que vous voulez attirer dans votre vie. Agissez avec intention et volonté dans la création de circonstances et de sentiments positifs, et l'univers réagira en conséquence.

> *Vous devez vous aligner sur ce que vous demandez. C'est ce qu'est la joie, c'est ce qu'est la reconnaissance, c'est ce qu'est le sentiment de passion. Mais lorsque vous ressentez du désespoir, de la peur ou de la colère, ce sont de forts indicateurs que vous n'êtes pas aligné avec ce que vous demandez.*
>
> Esther Hicks

Souvenez-vous, personne d'autre ne peut vous dire comment vous devez vous sentir. Vous êtes le seul à pouvoir prendre cette décision. S'il vous arrive de vous sentir mal à l'aise, alors vous devez examiner ce qui crée ces sentiments négatifs — ce ne sont pas les choses extérieures, c'est *vous*, et les jugements, croyances, idées et pensées que vous cultivez au sujet de ces choses extérieures. Donc la façon dont vous choisissez de *percevoir* une situation déterminera votre réaction émotionnelle et vous pouvez délibérément choisir de tout voir sous une lumière positive.

Vous pouvez décider consciemment de *choisir* le bonheur. De choisir l'optimisme. De choisir de vivre dans un lieu où règnent constamment la reconnaissance et la joie.

N'acceptez rien de moins que la magnificence dans votre vie. Vos émotions nourrissent votre énergie, et votre énergie nourrit votre avenir.

Ne t'attarde pas sur le passé.
Utilise-le pour illustrer un point,
puis laisse-le derrière. Rien n'est vraiment impor-
tant sauf ce que tu fais maintenant en cet instant
même. À partir de ce moment, tu peux être une
personne entièrement différente, remplie d'amour
et de compréhension, prête à tendre la main,
grandie et positive dans chaque pensée et dans
chaque action.
Eileen Caddy

(5)
ADOPTEZ UNE
ATTITUDE POSITIVE

Prenez consciemment la décision d'adopter une attitude positive

La Loi de l'Attraction ne filtre pas l'information que nous lui fournissons. Elle ne décide pas de ce qui est meilleur pour nous. Nous sommes dotés du libre arbitre, et nous décidons de l'endroit où nous voulons concentrer notre énergie et notre attention. L'univers ne fait que nous en renvoyer le reflet. Si nous focalisons notre attention sur quelque chose (que ce soit positif ou négatif), l'univers nous renverra tout simplement encore plus de la même chose.

Il est donc vraiment important de vous concentrer sur ce que *vous voulez*, et non sur ce que vous ne vous voulez pas. Formulez vos désirs d'une façon positive. Votre esprit utilise des images, donc si vous dites : « Je ne veux pas être fâché », vous créez l'image et la vibration « d'être fâché ». L'univers ne reçoit que la fréquence de « fâché » et y réagit. Vous devez vous concentrer sur le *contraire* de ce que vous ne voulez pas. Dans ce cas, il serait préférable de dire : « Je veux être plus aimant et je veux savoir accepter les choses comme elles sont. »

Une fois que vous aurez remplacé les pensées
négatives par des pensées positives, vous
commencerez à obtenir des résultats positifs.
Willie Nelson

Essentiellement, vous devez éviter d'envoyer des signaux mélangés à l'univers et à ceux qui vous entourent. Ce type de signal nuira à votre capacité d'attirer et de manifester d'une façon claire et puissante les choses que vous désirez.

Par exemple : Lorsque vous êtes « contre » quelque chose, vous finissez par le recréer. Vous créez encore plus de ce que vous voulez éliminer ! Si vous êtes « anti-guerre », pensez-y encore. Ici, le mot-clé est « guerre » et c'est exactement ce que vous obtiendrez en plus grande quantité. Il est donc préférable d'être « pour la paix ». L'univers recevra la vibration de « paix » et réagira en conséquence. La guerre contre le terrorisme a créé le terrorisme. La violence attire la violence, et l'amour attire l'amour.

Effectuez ce simple changement dans votre vie. Faites un effort conscient pour restructurer votre façon de penser et de parler, et éviter de transmettre de l'énergie inutile à ce que vous ne voulez pas dans votre vie. Lorsque c'est possible, évitez de vous soumettre — vous, vos pensées et vos émotions — aux personnes et aux influences négatives de votre vie.

Nous ne pouvons devenir ce que nous devons être
en demeurant ce que nous sommes.
Max Depree

Prenez conscience que la négativité peut être très insidieuse. Elle se glisse furtivement dans nos vies par les nouvelles du soir et par le journal quotidien. C'est tellement banal que cela semble presque normal — nous nous sommes presque immunisés contre nos doses quotidiennes de guerres, de crime, de violence et de corruption. Résistez à cette tendance. Refusez d'y accorder votre attention. Refusez d'y consacrer de l'énergie. Vous devez cesser de vous préoccuper de ce que vous ne voulez pas. Cessez d'en parler, cessez de lire à ce sujet, et cessez de dire à quel point ces choses sont mauvaises. *Concentrez-vous seulement sur ce que vous voulez attirer en plus grande quantité.* Souvenez-vous, votre énergie circule là où va votre attention.

Il n'est pas surprenant que la majorité d'entre nous ait tendance à s'exprimer de façon négative, sans nécessairement en avoir l'intention. C'est tout simplement une mauvaise habitude. Souvenez-vous — à partir de maintenant — de vous concentrer seulement sur *ce que vous voulez*. Faites-le non seulement avec vos propres pensées intérieures, mais aussi dans votre communication avec les autres. Essayez d'éviter d'utiliser un langage limitatif ou négatif. Chacune de vos pensées, et chacune de vos paroles envoient un message à l'univers. Vous passez continuellement votre commande pour vos futures expériences de vie.

Essayez de remplacer vos messages négatifs par des messages plus positifs.

Voici quelques exemples :

Au lieu de penser : « Je ne veux pas être en retard »,
Pensez : « Je veux être à temps. »

Au lieu de penser : « Je ne veux pas oublier »,
Pensez : « Je veux me souvenir. »

Au lieu de penser : « Je ne peux pas… »,
Pensez : « Je commence à… »

> Au lieu de dire : « Ne claque pas la porte »,
> *Dites* : « S'il te plaît, ferme doucement la porte. »
>
> Au lieu de dire : « Ta chambre est un bordel »,
> *Dites* : « S'il te plaît, garde ta chambre en ordre. »
>
> Au lieu de dire : « Cesse de faire tant de bruit »,
> *Dites* : « S'il te plaît, sois un peu plus silencieux. »

Pensez-y un moment. Si vous dites à quelqu'un : « Ne cogne pas ce verre, tu vas renverser le lait », quelle est l'image qui bondit dans votre esprit ? Naturellement, vous voyez un verre sur lequel on a cogné et une mare de lait. Vous devez éviter de créer la pensée, l'image et la vibration d'énergie de la chose que vous ne voulez pas... et demeurer concentré sur ces pensées et images qui sont en harmonie avec ce que vous *voulez* créer dans votre vie. Ainsi, vous éviterez aussi d'implanter l'image de ce que vous ne voulez pas dans l'esprit des autres et dans l'esprit universel !

Nous avons tendance à nous concentrer sur ce que *nous ne voulons pas* dans tellement de domaines de nos vies, même lorsqu'il est question de notre propre santé. Pensez à quel point, lorsque nous faisons face à la maladie, nous devenons complètement préoccupés par le problème, plutôt que par le résultat souhaité. Nous avons tendance à mettre entièrement l'accent sur la maladie et sur tout ce qu'elle entraîne, au lieu de mettre l'accent sur le fait d'être en santé. Étant donné que ce sur quoi vous vous concentrez prend de l'expansion, vous voulez diriger vos pensées et votre énergie sur le fait *d'être bien.* Continuez d'avoir des pensées positives et optimistes, et voyez-vous en santé et indemne. Votre énergie positive, vos pensées, vos visualisations, vos affirmations, votre prière et votre méditation, combinées avec toute forme de traitement médical que vous adopterez, vous serviront à améliorer le processus de guérison. Souvenez-vous, dans *chaque* aspect de votre vie, concentrez-vous autant que possible sur *ce que vous voulez* et non sur ce que vous ne voulez pas.

> *Le secret de la santé, autant pour le corps que pour l'esprit, c'est de ne pas pleurer sur le passé, ne pas s'inquiéter du futur, ni anticiper des problèmes... mais de vivre dans le moment présent sagement et sincèrement.*
>
> Bouddha

Pensez au temps que nous consacrons chaque jour à discuter de nos problèmes en mettant l'accent sur ce qui ne fonctionne pas dans nos vies. À partir de maintenant, engagez-vous à modifier votre énergie, et commencez à penser et à parler d'une façon plus positive. Faites un point d'honneur de vous concentrer sur ce qui est *bien* dans votre vie !

Commencez à remarquer *où* vous dirigez votre attention ! Vous serez surpris de vous rendre compte à quel point vous pensez, parlez ou agissez en vous concentrant, par inadvertance, à l'opposé de ce que vous voulez vraiment. Souvenez-vous que vous attirez toujours quelque chose, cessez donc d'attirer ce que vous ne voulez pas et commencez à attirer ce que vous voulez. Dirigez votre attention seulement sur les choses qui en valent la peine et qui s'alignent directement sur vos rêves et vos objectifs.

Au fait, il n'y a rien de mal à *remarquer* ce que vous ne voulez pas. Utilisez cela comme une première étape dans le processus qui vous aidera à décider ce que vous voulez, et essayez de vous débarrasser de l'habitude d'y accorder une si grande partie de votre énergie et de votre attention. Pensez à ce que vous ne *voulez pas* juste assez longtemps pour vous aider à définir les choses que vous *voulez*. Ce processus comparatif vous aidera à apporter un peu de clarté sur ce que vous aimeriez réellement avoir. Souvenez-vous de rediriger votre concentration vers le positif, et avancez.

Devenez une correspondance vibratoire pour l'avenir que vous désirez.
Concentrez-vous sur le bien en vous-même et chez les autres.
Concentrez-vous sur la lumière et la beauté dans votre vie.

> *La personne qui envoie des pensées positives agit positivement sur le monde autour d'elle, et attire vers elle des résultats positifs.*
> Dr Norman Vincent Peale

(6)
ABONDANCE

L'abondance est un état d'être naturel

Si vous comprenez et appliquez la Loi de l'Attraction, tout ce que vous désirez peut couler à flots dans votre vie. Nous vivons dans un monde qui semble mettre l'accent sur la pénurie et le manque, et pourtant, en vérité, nous vivons dans un univers d'*abondance*. Il n'existe pas de pénurie, il n'existe pas de manque. Il y a plus qu'il n'en faut de nourriture, d'argent, de bonheur, d'épanouissement spirituel et d'amour pour tout le monde.

Si vous voulez créer une abondance d'amour dans votre vie, alors *concentrez-vous* sur l'amour. *Devenez* l'amour que vous voulez attirer. Devenez plus aimant et plus généreux avec les autres et avec vous-même. En créant la vibration de l'amour, vous attirerez automatiquement plus d'amour dans votre vie. Concentrez-vous sur ce que vous voulez créer de plus dans votre vie, et souvenez-vous d'être reconnaissant pour ce que vous possédez déjà. La gratitude elle-même est une forme d'abondance. Et la fréquence vibratoire de gratitude et de reconnaissance attirera automatiquement encore plus de reconnaissance.

L'abondance n'est pas quelque chose
que nous acquérons. C'est quelque chose sur lequel
nous nous branchons.
Il n'existe pas de pénurie d'occasions pour gagner
sa vie dans ce que vous aimez.
Il y a simplement une pénurie
de détermination à faire en sorte que cela se produise.
Wayne Dyer

Par exemple : Si vous voulez créer de l'abondance financière dans votre vie, alors commencez à vous *concentrer* sur des visualisations de prospérité et d'argent qui affluent dans votre vie. Imaginez les chèques qui arrivent par courrier. Rédigez un chèque à votre nom pour la somme d'argent que vous souhaitez recevoir cette année, et affichez-le dans un endroit visible. Chaque fois que vous le voyez, *croyez* que c'est possible. Faites un don à votre organisme de charité préféré, et *sachez* que vous avez les moyens de faire ce don. Afin de recevoir, vous devez être prêt à *donner*. Imaginez comme il sera incroyable de vivre une liberté financière totale. Imaginez les différentes choses que vous ferez, les endroits où vous irez, et de quelle manière votre vie sera changée. Permettez-vous d'adopter l'impression que c'est déjà arrivé. Maintenant, réfléchissez à la façon dont vous utiliserez votre prospérité financière pour contribuer à votre communauté et partager ce que vous avez reçu. Imaginez comment il sera *bon* de sentir qu'on aide les autres et qu'on fait vraiment une différence dans leur vie. Assurez-vous de prendre un moment pour témoigner votre reconnaissance pour tout ce que vous avez déjà. Ainsi, vous créez une correspondance vibratoire pour l'abondance financière que vous voulez attirer dans votre vie future.

Maintenant, il ne s'agit pas de ne pas agir aussi. Cela signifie simplement que pour créer et recevoir l'abondance dans votre vie, vous devez vouloir vous diriger vers vos objectifs à un niveau *interne* aussi bien qu'à un niveau externe. Vous devez être clair à propos de vos désirs (dans ce cas, l'abondance financière), il vous faut croire que cela arrivera, et pour faire suite à votre croyance, vous devez accepter de prendre toutes les mesures logiques normales, en même temps que toutes les actions inspirées auxquelles vous pouvez penser. Vous devez être disposé à suivre vos impulsions inspirées, à maintenir une correspondance vibratoire pour tout ce que vous voulez attirer et à avoir confiance que les résultats sont déjà en train de se créer pour vous. Vous n'avez plus à vous battre contre le courant ; vous n'avez qu'à vous diriger sans effort en descendant le courant avec le rythme et le flot naturels de la vie.

> *Peu importe ce que nous attendons —*
> *la paix de l'esprit, le contentement, la grâce, la*
> *reconnaissance intérieure de la simple abondance —,*
> *cela nous arrivera sûrement,*
> *mais seulement si nous sommes prêts à le recevoir*
> *avec un cœur ouvert et reconnaissant.*
> Sarah Ban Breathnach

Lorsque vous avancerez avec ce type d'objectif et d'intention dans la direction de vos rêves, l'univers tout entier vous soutiendra abondamment de *toutes* les façons possibles. Il réagira à la vibration de votre passion et de votre engagement. Donc, commencez à porter attention aux nombreuses synchronicités dans votre vie et devenez conscient de toutes les occasions, idées, gens et ressources que vous attirez. Soyez ouvert à eux, et soyez disposé à penser de façon créative. De nouvelles occasions se présenteront souvent de façons surprenantes. Faites ce que vous aimez faire, soyez passionné, et croyez en vous-même.

Si vous êtes disposé à vous investir inconditionnellement dans vos rêves, alors toutes les ressources nécessaires suivront, incluant l'argent.

Il n'existe pas d'ordre de difficultés dans l'univers ; et il n'existe pas de pénurie d'argent dans le monde. Si vous êtes actuellement endetté, alors organisez des modalités de paiement, engagez-vous à les respecter, puis ne vous concentrez plus sur la dette, commencez plutôt à vous concentrer sur la richesse que vous êtes en train de créer.

> *Ce n'est pas ce que nous avons, mais plutôt ce dont nous jouissons qui constitue notre abondance.*
> John Petit-Senn

Essentiellement, l'univers réagira avec abondance à la vibration de *tout* ce qui vous passionne, tout ce à quoi vous donnez la priorité, tout ce envers quoi vous vous engagez, et tout ce que vous croyez possible. Tout ce sur quoi vous vous concentrez prend de l'importance, donc ne vous permettez pas d'entretenir des pensées ou des croyances limitatives. Axez plutôt vos pensées, sentiments et énergies sur cet élargissement et sur les infinies possibilités devant vous. Utilisez le pouvoir de votre esprit conscient et inconscient afin de créer une correspondance vibratoire pour l'abondance que vous désirez et méritez.

Assurez-vous aussi de prendre le temps d'apprécier toute l'étonnante abondance déjà présente dans votre vie, et soyez ouvert à *tout* le bien que l'univers peut vous offrir. Par la Loi de l'Attraction, l'univers réagira à la vibration de votre gratitude et de votre reconnaissance sincère par une abondance encore plus grande.

Servez-vous de la Loi de l'Attraction pour attirer l'abondance dans *tous les* domaines de votre vie. C'est un univers d'abondance. Il n'y a aucune limite. Tout comme l'océan ne s'inquiète pas de vous voir approcher avec un dé à coudre, une tasse, un seau, ou un wagon-citerne, l'univers ne s'inquiétera pas non plus.

Amour, joie, santé, richesse et bonheur en abondance sont là pour vous, sur demande.
Vous y avez naturellement droit.
Tout ce que vous avez à faire, c'est de le réclamer.

> *Vous pouvez avoir tout ce que vous voulez si vous le voulez vraiment. Vous pouvez être tout ce que vous voulez être, réaliser tout ce que vous avez l'intention de réaliser, si vous tenez à ce désir avec ténacité.*
> Abraham Lincoln

(7)
RAISON D'ÊTRE ET PASSION

Trouvez votre raison d'être et votre passion dans la vie

Chacun de nous est né avec une raison d'être particulière. Nous sommes tous ici pour une raison, et nous sommes tous ici pour nous aider les uns les autres. Tout comme les cellules individuelles dans un corps, chacun de nous s'acquitte de ses propres fonctions uniques qui, à leur tour, servent collectivement l'être comme un tout. Votre raison d'être n'est pas simplement une expression véritable de la personne que vous êtes vraiment — c'est votre cadeau au monde — et le monde a besoin de ce que vous avez à offrir. Lorsque vous vivez votre vie « délibérément », vous trouvez une plus grande satisfaction et une plus grande joie dans toutes vos actions. L'univers vous soutiendra dans tous vos efforts lorsque vous vivrez en conformité avec votre raison d'être, votre passion, et votre vérité intérieure.

> *Le but de la vie est de vivre en harmonie*
> *avec sa raison d'être.*
> Richard Leider

Vous devez donc prendre le temps de regarder au fond de vous-même pour identifier la mission et la raison d'être qui vous sont propres. Il sera plus facile d'y arriver par le recueillement, par la méditation ou par la prière, mais il y a certaines choses qui peuvent vous aider. Entre autres, vous pouvez commencer en devenant conscient du fait que rien n'est accidentel et qu'il existe en effet une raison pour expliquer votre présence ici sur cette planète. Vous avez une raison d'être dans cette vie et dans ce monde et votre contribution est importante.

Pour la majorité d'entre nous, la raison de notre existence n'est pas très claire — nous n'avons pas vraiment pris le temps de fouiller nos âmes pour découvrir la nature de notre véritable appel. Plusieurs facteurs ont contribué à nous éloigner de cette recherche ; les comptes à payer, les responsabilités, le travail, et trop peu de temps libre pour avoir l'occasion de découvrir ce qui nous plaît vraiment. Ainsi, vous compromettez qui vous êtes vraiment et ce que vous avez à offrir au monde. Vous *devez* absolument donner la priorité à la découverte de votre véritable mission dans la vie. Si vous n'essayez pas de vivre selon votre raison d'être, vous n'utilisez pas pleinement votre potentiel, et ne contribuez pas selon la globalité de vos talents.

> *Votre véritable passion*
> *devrait être aussi naturelle*
> *que respirer.*
> Oprah Winfrey

Voici comment cela fonctionne. Pendant toute votre vie, vous avez reçu des indices concernant votre raison d'être. Vous êtes doté de vos propres talents, dons, intérêts, forces et qualités qui vous sont tout à fait uniques — et *vous êtes censé les utiliser*. Un autre indice qui pointe vers votre raison d'être, c'est tout ce qui vous apporte les plus grandes joies dans la vie et vous permet de vous sentir vraiment vivant. En fin de compte, c'est très simple : vous êtes censé faire ce qui vous apporte de la joie ; et vos dons et vos talents sont censés être votre contribution au monde. Grâce à des objectifs et buts dans votre vie, vous honorez et nourrissez votre esprit, tout en contribuant au monde qui vous entoure.

Définissez votre raison d'être

Prenez un moment de tranquillité et libérez votre esprit de toute distraction. Les techniques suivantes représentent une façon logique de commencer à définir votre raison d'être. Mais ultimement, vous chercherez à répondre à ces questions à partir d'une conscience plus profonde, en utilisant par exemple, la prière et la méditation.

Commencez par faire la liste de tous les moments de votre vie dont vous vous souvenez, et où vous vous êtes senti vraiment vivant et joyeux.

Les moments où je me suis senti le plus vivant et joyeux :

_____

_____

_____

_____

_____

_____

_____

_____

_____

_____

_____

_____

_____

_____

Examinez cette liste de près et demandez-vous ce que chacune de ces expériences a en commun avec les autres. Prenez des notes. L'élément commun vous indique ce qui vous apporte de la joie… et ce qui vous apporte de la joie vous indique à quoi se rapporte votre raison d'être !

**Maintenant, considérez les questions sui-
vantes et notez vos réponses.**

Quels sont mes dons naturels ?

_____

_____

_____

_____

_____

_____

_____

_____

Quels sont mes habiletés et mes talents ?

_____

_____

_____

_____

_____

_____

_____

_____

Qu'est-ce que j'aime faire ?

_____
_____
_____
_____
_____
_____
_____
_____

À quel moment est-ce que je me sens le plus vivant ?

_____
_____
_____
_____
_____
_____
_____
_____

Qu'est ce qui me passionne ?

_____

_____

_____

_____

_____

_____

_____

_____

_____

Qu'est-ce qui m'apporte la plus grande joie dans la vie ?

_____

_____

_____

_____

_____

_____

_____

_____

À quel moment est-ce que je me sens le mieux par rapport à moi-même ?

_____

_____

_____

_____

_____

_____

_____

Quelles sont mes forces et mes caractéristiques person-nelles ?

_____

_____

_____

_____

_____

_____

_____

_____

_____

D'après les autres, quelles sont mes habiletés et mes forces ?

_____

_____

_____

_____

_____

_____

_____

_____

_____

De quelle manière ai-je le plus de plaisir à interagir avec d'autres personnes ?

_____

_____

_____

_____

_____

_____

_____

_____

_____

Que changerais-je dans le monde si j'en étais capable ?

_____

_____

_____

_____

_____

_____

_____

_____

Quelles sont les caractéristiques communes entre vos réponses à toutes ces questions ?

Qu'ont en commun ces réponses par rapport à la liste que vous avez dressée plus tôt ?

En pratiquant la prière et la méditation, demandez à Dieu de vous conseiller et de vous inspirer. Demandez de voir comment vous pouvez le mieux utiliser vos dons et agir selon les sentiments heureux qui sont en vous, non seulement pour gagner votre vie, mais pour être au service du monde.

Maintenant, réunissez vos réponses à ces questions et votre liste, pour en faire deux ou trois phrases complètes. Vous êtes sur le point de définir votre raison d'être — votre affirmation de mission personnelle fondée sur ce que vous êtes authentiquement, ainsi que sur vos champs d'intérêt, dons, talents et passions qui vous sont uniques.

Ma raison d'être :

_____

_____

_____

_____

_____

_____

_____

_____

_____

_____

_____

_____

_____

_____

_____

_____

_____

_____

En créant vos déclarations de raison d'être, vous définissez qui vous êtes, qui vous voulez être et de quelle façon vous voulez vous manifester dans le monde. À présent, ouvrez votre esprit et votre cœur aux possibilités déjà existantes. Écoutez les réponses à vos prières et prenez conscience des idées, inspirations et occasions qui se présentent d'elles-mêmes.

Les choses commenceront à se révéler pour vous, aussi exactement qu'elles sont censées le faire — et à l'intérieur du délai qui servira votre bien supérieur. Suivez vos pensées et vos idées inspirées et *pensez grand*. Il n'est pas nécessaire que vous sachiez exactement comment concrétiser votre déclaration de mission — une fois que vous avez défini votre objectif, demeurez tout simplement ouvert aux possibilités variées qui vous sont offertes. Acceptez de lâcher prise et permettez à Dieu d'accomplir son œuvre.

> *Si vous voulez être heureux, fixez-vous un but*
> *qui commande vos pensées,*
> *libère votre énergie*
> *et inspire vos espoirs.*
> Andrew Carnegie

Chaque fois que vous faites ce que vous aimez et ce qui vous passionne, l'univers répondra automatiquement par la Loi de l'Attraction et vous soutiendra de toutes les façons. Imaginez votre vie et votre travail remplis de signification, d'objectifs, et de passion ! Imaginez comment l'on peut bien se sentir en faisant ce que l'on aime, que cela nous apporte du plaisir, et qu'on y gagne de l'argent *tout en sachant* que l'on apporte une différence importante dans le monde.

Les gens les plus heureux et ceux qui réussissent le mieux dans la vie sont ceux qui se sont organisés pour structurer leur carrière et leurs activités autour de leurs dons et de leurs passions. En agissant ainsi, ils ont attiré toutes les idées, ressources, personnes et finances qui leur étaient nécessaires pour créer la vie de leurs rêves. Ils ont créé une correspondance vibratoire pour la joie et l'abondance dans leur vie en déterminant leur raison d'être, en croyant en leurs rêves, et en avançant avec confiance dans la direction de leurs buts et de leurs désirs.

Commencez à vivre consciemment et « délibérément ». Chacun de vos gestes, chaque activité à laquelle vous participez, devrait s'aligner avec votre joie, votre vérité supérieure et votre mission dans la vie. Ne cachez pas plus longtemps au monde vos véritables dons et vos talents. Une vie vécue selon des objectifs et des désirs est satisfaisante à tous les niveaux. Le travail est censé être amusant, la vie est censée être amusante et le monde a besoin de ce que vous avez à offrir ! Il existe une raison à votre présence sur terre, et vous devez commencer à honorer cette raison. Faites en sorte que *tout* ce que vous faites émerge de votre raison d'être et de votre passion, et vous ferez l'expérience — et attirerez — le véritable bonheur, l'abondance et le succès.

Créez une vie remplie de passion et de signification.
Créez une vie qui honore sa raison d'être.
Suivez votre bonheur suprême.

Il existe une qualité qu'il nous faut posséder pour pouvoir gagner, il s'agit de définir notre raison d'être, de savoir ce que nous voulons, et désirer ardemment le posséder.
Napoléon Hill

(8)
DÉFINISSEZ VOS RÊVES

Quels sont vos rêves ?

Analysez en profondeur ce que vous voulez créer dans votre vie. Considérez chacun des différents domaines de votre vie et concentrez-vous sur *ce que vous voulez*, non sur ce que vous ne voulez pas. Prenez contact avec votre vérité intérieure, vos rêves authentiques, vos buts et vos désirs sincères. Honorez-les et prenez-en possession sans peur, sans honte, sans inhibition. Vos rêves et vos désirs ne sont pas sujets à l'approbation de quiconque. Ils vous appartiennent, mais il vous faut les définir si vous voulez les réaliser.

Vous méritez d'obtenir tout ce que vous voulez vraiment dans la vie, et tous vos rêves sont valables s'ils sont importants pour vous. Peu importe si votre rêve est une relation amoureuse, une nouvelle voiture, une nouvelle habileté, des vacances ou la prospérité financière. Au fait, contrairement à la croyance populaire, il n'y a pas de mal à désirer la richesse financière. La possession de plus grands capitaux financiers vous permettrait de faire beaucoup de bien dans le monde. Seul l'*attachement* à l'argent peut devenir problématique ; donc, souvenez-vous tout simplement que vous devez donner si vous voulez recevoir, et assurez-vous que vos intentions demeurent honorables.

Vos rêves et vos aspirations devraient servir à enflammer la passion en vous, et la passion vous aidera non seulement à les réaliser, mais elle enverra aussi une fréquence vibratoire positive dans l'univers. Naturellement, par la Loi de l'Attraction, l'univers réagira en conséquence.

Souvenez-vous que *tout* est possible. Ne limitez ni ne censurez vos visions de l'avenir. Vous devez croire en vous-même et croire que vous avez de la valeur. Voyez à ce que vos actions, vos rêves, vos buts et vos désirs soient conformes à votre raison d'être. Décidez à quoi vous voulez *vraiment* que votre avenir ressemble.

> *Il nous faut avoir un rêve,*
> *si nous voulons qu'un rêve se réalise.*
> Denis Waitley

Tandis que vous vous apprêtez à définir vos objectifs et vos rêves, il faut tenir compte de sept domaines importants.

Sept domaines clés dans la vie :

Objectifs personnels (ce que vous voulez faire, être et avoir…)

Relations (amis, famille, amour, collègues de travail…)

Santé et corps (bien-être, forme physique, image corporelle…)

Carrière et éducation (travail, études, objectifs de carrière…)

Récréation (sports, passe-temps, plaisirs, vacances…)
Finance (revenu, épargnes, investissements…)
Contribution (charité, service communautaire…)

Avez-vous une idée quelconque de ce que sont réellement vos objectifs personnels et vos aspirations ? Avez-vous identifié votre but dans la vie ? Qu'adoreriez-vous faire ? Qu'est-ce qui vous passionne ? Que voulez-vous accomplir ? Où voulez-vous aller ? Que voulez-vous devenir ? De quelle façon pouvez-vous donner aux autres ? Quelles causes vous intéressent ? Quelles sont vos intentions ?

Malheureusement, la plupart d'entre nous n'ont consacré que très peu de temps à réfléchir à ces questions. Nous sommes si emportés dans le tourbillon des activités de notre routine quotidienne que nous n'avons tout simplement pas pris le temps d'y penser. Nous réussissons assez bien à détailler de ce qui *n'a pas* bien fonctionné et les objets de nos plaintes. Donc, ce que nous ne voulons *pas* est assez clair, mais nous n'avons pas assez réfléchi à ce que nous *voulons*. Si vous souhaitez attirer ce que voulez dans votre vie, vous devez d'abord prendre le temps d'identifier clairement vos rêves et vos désirs.

> *Il n'y a pas de vent favorable pour*
> *celui qui ne sait pas où il veut aller.*
> Sénèque

Pensez-y ainsi. Lorsque vous vous rendez au café de votre voisinage et que vous passez une commande, dites-vous : « Je *ne veux pas* de thé » ou « Je *ne veux pas* un expresso » ou « Je *ne veux pas* un cappucino » ? Bien sûr que non ! Vous passez votre commande pour un grand café moka, avec un peu de chocolat et de la crème fouettée additionnelle, en demeurant tout à fait clair et précis — et vous êtes absolument sûr que vous obtiendrez exactement ce que vous avez commandé.

Pour vous harmoniser à la Loi de l'Attraction, vous devez passer votre commande à la vie à peu près de la même manière. *Vous devez clarifier vos buts et être précis.* Cessez d'accepter passivement les événements de votre vie, et appropriez-vous le droit de participer activement à la création de votre propre avenir en établissant clairement vos désirs.

Essentiellement, si vous ne savez pas vraiment ce que vous demandez, comment pouvez-vous vous attendre à l'obtenir ? Il est donc impératif de prendre le temps de décider ce que vous voulez vraiment attirer dans votre vie, de le noter, et d'être parfaitement clair à ce sujet.

> *Vous devez définir vos buts clairement et spécifiquement avant que vous ne puissiez les entreprendre. Gardez-les en tête jusqu'à ce qu'ils deviennent une seconde nature.*
>
> Les Brown

Créez votre liste de rêves

Votre liste de rêves offrira une vue d'ensemble détaillée de vos rêves, buts et désirs. Elle fera référence à ce que vous voulez être, faire, posséder et réaliser dans tous les domaines de votre vie. Il vous faudra plus tard établir des priorités sur cette liste et vous concentrer sur certains secteurs, mais pour le moment, il est préférable d'avancer et de considérer l'image la plus globale. Voici quelques techniques qui pourront vous aider à identifier vos désirs et à clarifier vos objectifs.

La première technique nécessite la création d'un tableau en deux volets. Ce tableau (voir l'exemple suggéré) est un moyen très efficace pour identifier ce que vous *voulez* dans votre vie en déterminant brièvement ce que vous *ne voulez pas*. Considérez chacun des sept domaines clés de votre vie. Traitez un domaine ou un sujet à la fois, comme la carrière, les objectifs personnels, ou les relations, et décidez d'un thème principal pour ce domaine. Par exemple, dans la catégorie relation, vous pouvez vous concentrer sur « ma relation amoureuse idéale » et commencer à noter dans la première colonne ce que vous ne voulez pas dans ce domaine de votre vie, puis, dans l'autre colonne, faire une déclaration *opposée,* affirmant ce que vous *voulez* vraiment.

Je suggère de créer un tableau à deux volets pour *chaque* domaine de votre vie et de dresser la liste de ce que vous ne voulez pas à gauche, et la liste de ce que vous voulez à droite, en utilisant une formule positive. Dans les pages qui suivent, vous trouverez des tableaux pour chaque domaine de votre vie.

Au fait, voici un exemple qui vous permet de remarquer qu'il n'y a aucun problème à porter attention à ce que vous ne voulez pas. Dans le but de mieux clarifier ce que vous voulez attirer dans votre vie, il est souvent utile de jeter un bref coup d'œil sur ce que vous *ne voulez pas*.

Vous trouverez un exemple de ce type de tableau à la page suivante.

OBJET : Relations	Ma relation amoureuse idéale

Ce que je ne veux pas	Ce que je veux
Quelqu'un qui regarde la télévision tout le week-end	*Quelqu'un qui aime avoir un style de vie actif*
Un fumeur ou un buveur	*Quelqu'un qui se préoccupe de sa santé*
Une personne colérique ou agressive	*Une personne gentille et compatissante*

Servez-vous des tableaux des pages suivantes pour chacun des sept domaines de votre vie. Ce processus vous aidera à clarifier vos buts et vos désirs. Lorsque vous avez complété les tableaux, revenez au *côté gauche de chaque tableau* et *biffez la liste des choses que vous ne voulez pas.* À partir de ce moment, servez-vous seulement du côté droit de chaque liste et concentrez-vous sur ce que vous voulez dans la vie. Il n'est pas nécessaire d'accorder plus d'attention ou d'énergie à la liste de ce que vous ne voulez pas. Au fait, le simple geste de biffer ce que vous ne voulez pas est stimulant et énergisant !

Lorsque vous avez terminé, combinez les listes de *ce que vous voulez* en une seule. Vous pouvez vous servir des pages de la liste de rêves que nous vous avons fournies, ou utiliser des feuilles de papier séparées. Assurez-vous de rédiger vos rêves et vos buts sous forme de phrases complètes, et laissez un peu de place pour faire des ajouts.

C'est le début de votre liste de rêves ! En remplissant ces pages, vous vous approcherez encore un peu plus de leur réalisation.

La clarté, c'est le pouvoir.
Buckminster Fuller

En dressant votre liste de rêves, il vous faut être méthodique. Par exemple, vous ne voulez pas obtenir la maison de vos rêves et finir par vous rendre compte que vous ne pouvez payer l'hypothèque — et que vous avez oublié de spécifier vos objectifs financiers… Soyez donc aussi précis que possible. Par la suite, il vous faudra considérer d'autres questions pour définir vos rêves ; prenez donc un instant pour réviser les questions à la page **90** et faites tous les ajouts appropriés à votre liste de rêves.

Voici, aux pages suivantes, les tableaux pour chacun des sept domaines clés de votre vie et de votre liste de rêves.

SUJET :

Objectifs personnels

Ce que je ne veux pas	Ce que je veux

SUJET :

Relations

Ce que je ne veux pas	Ce que je veux

SUJET :

Santé et corps

Ce que je ne veux pas	Ce que je veux

SUJET :

Carrière et éducation

Ce que je ne veux pas	Ce que je veux

83

SUJET :

Loisirs

Ce que je ne veux pas	Ce que je veux

SUJET :

Finances

Ce que je ne veux pas	Ce que je veux

SUJET :

Contribution

Ce que je ne veux pas	Ce que je veux

Ma liste de rêves

_____

_____

_____

_____

_____

_____

_____

_____

_____

_____

_____

_____

_____

_____

_____

_____

_____

page 1

Ma liste de rêves

_____

_____

_____

_____

_____

_____

_____

_____

_____

_____

_____

_____

_____

_____

_____

_____

_____

_____

_____

page 2

Ma liste de rêves

_____
_____
_____
_____
_____
_____
_____
_____
_____
_____
_____
_____
_____
_____
_____
_____
_____
_____

page 3

Maintenant, posez-vous les questions suivantes :

* Quel est mon but dans la vie ?

* Quels sont mes rêves ?

* Quels sont mes objectifs ?

* Envers quoi suis-je reconnaissant ?

* Qu'est-ce qui me rend heureux ?

* Comment aimerais-je me développer sur le plan personnel ?

* Comment aimerais-je me développer sur le plan spirituel ?

* À quoi ressemblerait ma relation idéale ?

* Quelle serait ma vie familiale idéale ?

* Y a-t-il une activité que j'aurais toujours voulu faire ?

* Qu'aimerais-je avoir le plus dans ma vie ?

* Qu'est-ce que j'aimerais *faire* le plus dans ma vie ?

* Où aimerais-je voyager ?

* Où aimerais-je habiter ?

* À quoi ressemblerait la maison de mes rêves ?

* Quelle carrière choisirais-je idéalement ou créerais-je pour moi-même ?

* Quels sont mes objectifs financiers ?

* Comment puis-je contribuer à la vie de ma communauté ?

* Quels sont les causes ou organismes de charité dans lesquels j'aimerais le plus m'engager ?

* Si je pouvais changer le monde, que ferais-je pour que ce soit un meilleur endroit pour vivre ?

Les questions de la page précédente peuvent vous inspirer et vous aider à identifier des rêves, buts et désirs supplémentaires. Prenez votre temps ; réfléchissez et considérez sérieusement ces questions. Ajoutez toutes les réponses que vous souhaitez sur votre liste de rêves.

> *Le premier principe du succès est le désir*
> *— il vous faut savoir ce que vous voulez.*
> *Le désir, c'est la mise en terre de la semence.*
>
> Robert Collier

Liste de 101 buts

Vos rêves et vos buts sont illimités. Le monde vous attend. Voici une technique inspirante dont vous pouvez aussi faire l'essai. Une stratégie extraordinaire pour clarifier certains de vos buts et de vos rêves à plus long terme, consiste à dresser une liste de 101 buts que vous aimeriez accomplir avant de mourir — 101 choses que vous aimeriez faire, être ou avoir.

À l'âge de quinze ans, John Goddard, l'aventurier internationalement reconnu, a dressé une liste de 127 objectifs qu'il voulait réaliser avant de mourir. Cela incluait de visiter les grandes Pyramides, d'apprendre à faire de la plongée sous-marine, de voir la Muraille de Chine, d'escalader le mont Kilimandjaro et de lire toute l'Encyclopédie Britannica. Il a maintenant soixante-dix ans et il a réalisé 109 des objectifs inscrits sur cette liste.

À la fin de la vingtaine, Lou Holtz, l'ancien entraîneur de football du collège Notre-Dame à Philipsburg, a noté 108 objectifs qu'il voulait réaliser ; incluant gagner un championnat national, souper à la Maison-Blanche, rencontrer le pape et faire atterrir un avion sur un porte-avions. Il est maintenant septuagénaire et il a réalisé 102 de ses objectifs.

Inspiré par ces deux histoires, j'ai dressé, il y a dix-sept ans, une liste de 109 buts. Jusqu'ici, j'ai réalisé soixante-trois de ces buts ; je voulais entre autres, taper cinquante mots à la minute, jouer dans un film, apprendre à skier et à faire de la planche à voile, écrire un livre à succès, voyager dans plusieurs lieux exotiques, acheter la maison de mes rêves, et rédiger une chronique dans une revue d'actualités.

En notant votre propre liste de 101 buts (voir le tableau des pages suivantes) et en la révisant environ toutes les semaines, la Loi de l'Attraction se mettra en marche pour activer les circonstances qui vous aideront à réaliser vos objectifs. Vous commencerez à remarquer toutes sortes d'événements apparemment miraculeux qui surviennent dans votre vie. Certains objectifs seront plus longs à atteindre que d'autres, mais ils peuvent tous un jour se réaliser. Cette liste de buts échelonnés sur la durée d'une vie vous inspirera peut-être à faire certains ajouts sur votre liste de rêves.

> *Vous réussissez dès que*
> *vous commencez à avancer vers*
> *un but qui en vaut la peine.*
> Chuck Carlson

Au fait, si vos buts et vos rêves profitent à d'autres personnes, en même temps qu'à vous-même, la vibration de votre intention résonne alors à une plus haute fréquence. Pensez à des façons de faire une contribution à votre famille, vos amis et votre communauté. Soyez ouvert à trouver une cause qui vous touche vraiment personnellement, et engagez-vous à y participer. Commencez à donner de votre temps et de votre argent. Étant donné que nous *sommes* vraiment tous connectés, votre engagement envers les autres est aussi un engagement envers vous-même.

À mesure que vous réalisez les différents objectifs de votre liste de 101 buts, vous pourrez les surligner ou noter la date de leur réalisation. Ce geste seul est stimulant et c'est aussi une façon de reconnaître les effets de la Loi de l'Attraction dans votre vie.

Mes 101 buts :

1. _____
   _____
2. _____
   _____
3. _____
   _____
4. _____
   _____
5. _____
   _____
6. _____
   _____
7. _____
   _____
8. _____
   _____
9. _____
   _____
10. _____
    _____
11. _____

Mes 101 buts :

12. _____
_____

13. _____
_____

14. _____
_____

15. _____
_____

16. _____
_____

17. _____
_____

18. _____
_____

19. _____
_____

20. _____
_____

21. _____
_____

22. _____
_____

23. _____
_____

24. _____
_____

25. _____
_____

Mes 101 buts :

26. _____
_____
27. _____
_____
28. _____
_____
29. _____
_____
30. _____
_____
31. _____
_____
31. _____
_____
33. _____
_____
34. _____
_____
35. _____
_____
36. _____
_____
37. _____
_____
38. _____
_____
39. _____
_____

Mes 101 buts :

40. _____
_____

41. _____
_____

42. _____
_____

43. _____
_____

44. _____
_____

45. _____
_____

46. _____
_____

47. _____
_____

48. _____
_____

49. _____
_____

50. _____
_____

51. _____
_____

52. _____
_____

53. _____
_____

Mes 101 buts :

54. _____
   _____

55. _____
   _____

56. _____
   _____

57. _____
   _____

58. _____
   _____

59. _____
   _____

60. _____
   _____

61. _____
   _____

62. _____
   _____

63. _____
   _____

64. _____
   _____

65. _____
   _____

66. _____
   _____

67. _____
   _____

Mes 101 buts :

68. _____
    _____
69. _____
    _____
70. _____
    _____
71. _____
    _____
72. _____
    _____
73. _____
    _____
74. _____
    _____
75. _____
    _____
76. _____
    _____
77. _____
    _____
78. _____
    _____
79. _____
    _____
80. _____
    _____
81. _____
    _____

Mes 101 buts :

82. _____
_____
83. _____
_____
84. _____
_____
85. _____
_____
86. _____
_____
87. _____
_____
88. _____
_____
89. _____
_____
90. _____
_____
91. _____
_____
92. _____
_____
93. _____
_____
94. _____
_____
95. _____
_____

Mes 101 buts :

96. _____

_____

97. _____

_____

98. _____

_____

99. _____

_____

100. _____

_____

101. _____

_____

La vision est l'art
de voir l'invisible.
Jonathan Swift

Vous devriez maintenant disposer d'une liste de rêves très étoffée. Vous avez examiné vos buts précis dans chaque domaine de votre vie, et vous avez examiné des objectifs échelonnés sur la durée de votre vie. Vous avez identifié votre raison d'être et vos rêves, établissant clairement ce que vous voulez créer dans votre vie. Certains de vos objectifs peuvent constituer des buts à court terme, comme perdre une dizaine de kilos ou prendre des vacances en Italie. D'autres buts peuvent s'appliquer à une plus longue durée, comme transformer le système d'éducation, accroître la conscience environnementale dans votre communauté, ou devenir millionnaire.

Établissez des priorités dans votre liste de rêves

Prenez maintenant quelques minutes pour établir des priorités dans votre liste. Pensez aux objectifs et aux rêves qui supportent le mieux votre déclaration personnelle de mission, et lesquels ont plus d'importance pour vous à ce moment de votre vie. Surlignez ou soulignez ces éléments. *Pour le moment, concentrez votre centre d'intérêt sur ces buts et rêves particuliers — ceux sur lesquels vous voulez travailler en premier.* En concentrant vos pensées et votre énergie, la manifestation de ces objectifs et de ces rêves spécifiques sera facilitée.

Vous reviendrez sur le reste de votre liste — et l'acte pur et simple de la création de la liste a déjà envoyé un message à l'univers, mais commencez par ce qui a maintenant le plus de signification pour vous. N'oubliez pas que vos rêves et vos objectifs peuvent se modifier et évoluer avec les années — et à mesure que vous continuez à vous développer et à ajouter des réalisations, il est probable que vos buts se développeront aussi.

> *Si vous limitez vos choix à ce qui semble possible et raisonnable, vous vous déconnectez de ce que vous voulez vraiment, et tout ce qui reste n'est qu'un compromis.*
> Robert Fritz

Rêvez grand

Ne censurez pas vos rêves ou votre vision par des détails pratiques ou des probabilités. Vous n'avez pas *besoin* de connaître chacune des étapes nécessaires pour réaliser vos buts. Vous n'avez qu'à décider ce que vous voulez. Sachez que vous le méritez. Croyez que vous pouvez l'obtenir, puis libérez ce rêve et laissez-le aller. Ouvrez-vous aux infinies possibilités. Observez les miracles qui se produisent.

À présent, envisagez cette possibilité — si vous pouvez imaginer le processus de réalisation tout entier par vous-même, peut-être que votre rêve n'est pas assez grand !

Vous avez créé votre liste de rêves.
Vous avez passé votre commande à l'univers.
C'est votre demande écrite pour l'avenir.

Tous nos rêves peuvent se réaliser —
si nous avons le courage de les poursuivre.
Walt Disney

(9)
VIVRE LA LOI DE L'ATTRACTION

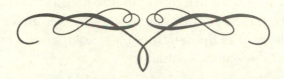

La première étape pour vivre la Loi de l'Attraction consiste à comprendre son fonctionnement dans nos vies

Dans les chapitres précédents, nous avons discuté non seulement de la Loi de l'Attraction et de son fonctionnement dans nos vies, mais nous avons aussi examiné qui nous sommes, ce que nous sommes, notre connexion à la source universelle, et le rôle que nous avons joué jusqu'à maintenant dans la création de notre vie. Nous nous sommes attardés à la puissance de nos pensées et de nos émotions. Nous avons parlé de l'importance de nous libérer du négatif et de demeurer dans un état émotionnel d'attraction *qui est positif* afin de créer une correspondance vibratoire pour nos rêves et pour nos désirs. Nous avons reconnu l'étonnante souplesse de notre propre subconscient et l'importance d'utiliser son potentiel illimité pour nous aider à attirer le genre de vie dont nous n'osions que rêver dans le passé. Nous avons aussi pris le temps de définir notre raison d'être, nos rêves et nos objectifs, et de clarifier ce que nous voulons attirer dans nos vies.

À présent que vous comprenez un peu mieux de quelle façon vous participez au processus de la Loi de l'Attraction, vous pouvez commencer à prendre la responsabilité pour tout ce que vous êtes en train d'attirer dans votre vie en ce moment. Maintenant que vous êtes conscient du rôle que vous jouez dans la création de votre vie, *vous ne pouvez plus créer votre futur par accident ou par défaut.* Prenez ce moment à cœur, parce que *ce* moment vous appartient, il est temps pour vous de commencer consciemment, intentionnellement et délibérément à participer à la création de l'avenir que vous souhaitez.

Vous avez maintenant acquis une très bonne idée de la personne que vous êtes, qui vous voulez être et où vous voulez aller dans la vie. Vous avez une vision claire de ce que vous voulez faire, être et avoir. En fait, vous disposez d'une issue, vous avez maintenant une destination en tête, et c'est ce résultat désiré sur lequel vous voulez vous concentrer. Cette situation ressemble beaucoup à la programmation d'un système GPS interne vers votre destination choisie. À présent que vous savez où vous voulez aller, l'univers vous y guidera par la Loi de l'Attraction.

> *Créez votre futur*
> *à partir de votre futur*
> *et non à partir de votre passé.*
> Werner Erhard

Outils pour vivre la Loi de l'Attraction

Dans les prochains chapitres, nous examinerons différentes méthodes et différents outils qui vous aideront à créer et à maintenir un état constant de joie et d'énergie positive. Nous examinerons plusieurs techniques pour stimuler et renforcer votre connexion à votre subconscient et pour inspirer vos pensées et vos émotions positives. Dans cette section, nous parlerons aussi de la prière et de la méditation, des affirmations, de la visualisation, de l'attitude, de l'appréciation, de l'action et de la foi. Nous aborderons la façon de devenir une correspondance vibratoire active pour ce que vous voulez attirer dans votre vie.

Ces outils et techniques vous aideront à effectuer les changements nécessaires dans votre vie, et à exploiter le pouvoir de votre subconscient, tout comme celui de l'univers.

Il est temps d'intérioriser vos nouvelles émotions positives, vos modèles de pensée et vos croyances. Il est temps de vraiment *voir* le futur que vous désirez, de *ressentir* les émotions qu'il évoque, et de *croire* que en la possibilité de sa réalisation.

Il est temps de commencer à vivre la Loi de l'Attraction.
Il est temps de commencer à vivre la vie de vos rêves.

Pour accomplir de grandes choses,
il ne suffit pas d'agir, il faut aussi rêver,
pas seulement planifier, mais aussi croire.
Anatole France

(10)
AFFIRMATIONS

Les affirmations sont l'un des moyens les plus puissants pour créer une correspondance vibratoire avec ce que vous voulez attirer dans votre vie

Chacune de vos pensées et chacune de vos paroles sont des affirmations. Vos pensées et vos paroles sont des déclarations de ce que vous croyez que vous êtes et de votre perception du monde. Avec chaque pensée négative ou chaque commentaire qui vous dénigre, vous vous attribuez en fait une vérité personnelle. Heureusement, ce phénomène se produit aussi avec les pensées et les déclarations positives.

Les affirmations fortes et positives sont de puissants moyens de transformation personnelle et elles constituent un élément clé dans la création de la vie que vous désirez. Elles fonctionnent lorsque vous remplacez intentionnellement les idées limitatives, les croyances négatives et les dialogues intérieurs que vous avez acceptés et intériorisés au fil des années, par des affirmations positives qui expriment qui vous voulez être et comment vous voulez expérimenter votre vie.

Le but de cette démarche est de créer des déclarations positives et inspirantes, qui vous permettent de vous affirmer et de vous assumer — ce qui élève votre niveau émotionnel de référence. Nous aborderons deux types d'affirmations : les *affirmations positives* et les *affirmations de buts précis*.

> *Dites-vous d'abord ce que vous voulez être,*
> *puis faites ce que vous avez à faire.*
> Épictète

Affirmations positives

Les *affirmations* positives affirment simplement vos croyances positives sur vous-même et sur la vie.

Exemples d'affirmations positives :

À tous les points de vue, ma vie est abondante.
Je réussis dans tout ce que je fais.
Ma vie est remplie d'amour et de beauté.
Je suis reconnaissant pour chaque expérience
    de ma vie.
Je suis guidé et protégé par Dieu.
J'attire de la joie dans ma vie.
Le fait de vivre m'enthousiasme !
Je crois que tout est possible.
Je suis aimé.
Je peux tout faire.
Je fais une différence dans ce monde.

Ces simples déclarations affirment ce que vous voulez être et comment vous voulez vous sentir. Elles sont extrêmement puissantes, et elles aident à remplacer les croyances négatives et limitatives que vous pouvez avoir adoptées par le passé. Vos anciennes pensées négatives sont en fait reprogrammées par ces affirmations, et sont remplacées par des images et des sentiments forts et positifs.

Vous pouvez créer vos propres affirmations positives et les utiliser sur une base quotidienne. Nous avons mis à votre disposition, dans les pages suivantes, un espace pour écrire vos notes. Vos affirmations seront plus efficaces si vous les lisez et si vous les répétez plusieurs fois par jour. Persistez — trente jours sont habituellement nécessaires pour reprogrammer vos schémas de pensée. Prononcez à haute voix vos affirmations en les ressentant, et expérimentez les émotions qu'elles évoquent pour vous.

> *En répétant constamment,*
> *on devient convaincant.*
> Robert Collier

Pour des résultats encore plus puissants, répétez vos affirmations en vous regardant dans les yeux devant le miroir. Affirmez tout simplement à quel point vous êtes merveilleux et combien votre vie est extraordinaire. Ressentez-le, croyez-le, et recevez-le pleinement dans tout votre être. Vous recréez votre image de vous-même, vous construisez des attitudes positives, et vous intériorisez un système de croyances encore plus positives.

Affirmations de buts précis

Les affirmations de but précis affirment vos rêves spécifiques, vos désirs et vos buts comme s'ils avaient déjà été réalisés.

Ces affirmations sont des déclarations qui décrivent un but comme s'il était déjà réalisé ; par exemple : « Je souligne le fait de me sentir légère et alerte avec mon poids corporel idéal de 60 kilos ». Ces affirmations vous aideront à créer l'expérience émotionnelle d'avoir déjà attiré ce que vous voulez. Les sentiments de joie, de bonheur, d'euphorie, d'excitation, de confiance, de soulagement, de paix intérieure et ainsi de suite sont les correspondances vibratoires de la manifestation physique de ce que vous voulez attirer.

Chacune de nos pensées
crée notre futur.
Louise H. Hay

Ces affirmations créent une attente positive à l'effet que vous *allez* réaliser ces objectifs, et elles augmentent votre désir et votre motivation afin de faire les actions nécessaires pour vous diriger vers ces buts et vers ces rêves.

De plus, elles réalisent quelque chose qui est assez étonnant. Elles commencent littéralement à *reprogrammer* le système d'activation réticulaire de votre cerveau, pour que vous commenciez à prendre plus conscience des gens, de l'argent, des ressources et des idées qui vous aideront à réaliser vos objectifs. Ces ressources ont toujours été présentes, mais à vrai dire, votre cerveau les filtrait. En utilisant régulièrement la méthode des affirmations, vous reprogrammerez le filtre et vous élargirez votre perception et votre conscience.

Voici quelques lignes directrices pour créer vos propres affirmations de but spécifique :

Les affirmations sont positives.
Évitez d'utiliser une expression négative
    comme « ne pas » dans une affirmation.
Les affirmations se conjuguent au temps
    présent.
    (Vous déclarez que c'est déjà arrivé.)
Les affirmations sont plutôt courtes.

Les affirmations sont précises.

Commencez vos affirmations par « Je suis... » ou « Nous sommes »... »

Les affirmations utilisent des verbes d'action. *(Ressentez les émotions quand vous exprimez l'affirmation.)*

Les affirmations sont personnelles. *(Créez des affirmations pour votre propre comportement, pas pour celui des autres.)*

Voici quelques exemples d'affirmations de but spécifique :

- Je me sens euphorique et alerte, en train de faire de la planche à neige sur le flanc de la montagne en cette journée d'hiver idéale.
- Je suis fier alors que je suis debout devant la maison que j'ai aidé à construire pour Habitat pour l'humanité.
- Je suis en train d'observer avec excitation les commandes qui déferlent sur Internet pour mes nouveaux produits.
- Je me sens si fier de recevoir mon diplôme et d'être le premier de ma classe avec mention très bien.
- Je regarde autour de moi les visages des enfants que j'aide, et je suis aux anges de savoir que j'ai vraiment fait une différence dans leur vie.
- Je suis reconnaissant de recevoir de mon médecin un autre bilan de santé parfait.

- Je me sens détendu et reconnaissant d'être assis ici, sur la plage à Hawaï, les orteils enfoncés dans le sable chaud, ressentant la chaleur du soleil sur mon visage.

- Je suis transporté de joie d'ouvrir la boîte à lettres et de voir qu'un autre chèque est arrivé.

- Je suis en train d'observer avec bonheur ma famille alors qu'ils rient et gambadent dans la neige.

- Je conduis joyeusement ma nouvelle voiture Lexus LS430 sur l'autoroute de la Côte du Pacifique.

- Je peux communiquer efficacement mes besoins et mes désirs à ma famille.

- Je suis aux anges alors que je regarde avec amour dans les yeux de mon partenaire.

- Je franchis avec bonheur la porte de ma toute nouvelle maison de rêves.

Ce n'est pas l'accessibilité ou l'inaccessibilité qui détermine votre degré de succès et de bonheur ; c'est ce que vous vous persuadez être vrai.
Dr Wayne Dyer

Maintenant, allez-y et prenez quelques minutes pour mettre au point vos propres affirmations positives et se rapportant à votre but. Créez des affirmations personnelles fortes qui renforcent vos croyances positives et qui remplaceront tous vos dialogues intérieurs négatifs par une affirmation positive forte. Écrivez-les en remplissant les tableaux des pages suivantes. Lorsque vous notez les affirmations propres à votre but, il vous faudra peut-être aussi vous référer à votre liste de rêves, et garder en tête ces désirs et ces objectifs aussi.

MES AFFIRMATIONS POSITIVES :

_____

_____

_____

_____

_____

_____

_____

_____

_____

_____

_____

_____

_____

_____

_____

_____

_____

_____

LES AFFIRMATIONS DE BUT PRÉCIS :

Comment utiliser vos affirmations :

1. Répétez-les au moins trois fois par jour. Les meilleurs moments sont : le matin au réveil, au milieu de la journée, et vers l'heure du coucher.

2. Travaillez en profondeur sur un *petit* nombre d'affirmations. C'est beaucoup plus efficace que de travailler moins souvent sur un grand nombre.

3. Si possible, dites vos affirmations à haute voix. Sinon, lisez-les en silence.

4. Fermez les yeux et visualisez-vous tel que décrit dans l'affirmation. Voyez la scène *à travers vos yeux* comme si cela se produisait autour de vous, tout comme vous le verriez dans la vie réelle.

5. Entendez les sons ; voyez les images qui pourraient être présentes lorsque vous réussissez à réaliser ce que décrit votre affirmation. Incluez toute autre personne qui pourrait être présente, et entendez ses mots d'encouragement et ses félicitations.

6. Ressentez les émotions dont vous feriez l'expérience en réalisant ce but. Plus vos sentiments sont forts, plus l'impact est puissant.

Répétez l'ensemble de ce processus pour chacune de vos affirmations. Vous pouvez aussi les écrire dix à vingt fois par jour sur une feuille de papier. C'est un autre moyen puissant pour les intérioriser et les graver dans votre subconscient.

> *Nous sommes ce que nous faisons de manière répétée. L'excellence n'est donc pas une action, mais une habitude.*
> Aristote

En répétant et en visualisant ainsi vos affirmations, vous maximisez l'effet de chacune d'elle et de ce qu'elles signifient pour vous personnellement. La Loi de l'Attraction répondra à l'énergie des pensées, images, et sentiments créés par chaque affirmation, et votre subconscient réagira en entreposant les nouvelles croyances et en les traitant comme s'il s'agissait de la réalité. Souvenez-vous, votre subconscient ne peut connaître la différence entre ce qui est réel et ce qui est activement imaginé.

Si vous trouvez que des réactions négatives ou limitatives, comme le doute ou le scepticisme, continuent d'émerger dans votre esprit pendant que vous exprimez vos affirmations, il serait bon d'utiliser l'une des techniques de libération suggérées au chapitre trois. Vous pouvez aussi créer de nouvelles affirmations contraires à chacune des pensées négatives et les ajouter à votre routine quotidienne.

Engagez-vous à vous servir quotidiennement de vos affirmations. Voyez à ce qu'elles deviennent un rituel personnel, quelque chose que vous avez hâte de faire. C'est ainsi que nous nous reprogrammons : par la répétition, l'association et l'émotion. Le degré d'intensité émotionnelle ressenti en vous servant de vos affirmations déterminera l'intensité de l'attraction qu'elles créent.

À chaque affirmation, vous reprogrammez littérale-ment vos croyances sur vous-même et sur le monde dans lequel vous vivez.

Ce que vous créez dans votre esprit est ce que vous finissez par devenir.
Nathaniel Hawthorne

(11)
VISUALISATION

Votre capacité de visualiser vos rêves servira de catalyseur à leur création

Les exercices et les techniques de visualisation sont incroyablement puissants. Certains psychologues prétendent maintenant qu'une heure de visualisation vaut sept heures d'effort physique. Souvenez-vous, votre subconscient est *incapable* de faire la différence entre une expérience réelle et une autre imaginée réalistement. Il ne peut différencier vos souvenirs d'expériences réelles, vos simulations, ou le fait de vivre un événement en temps réel. Il répond à chacun de la même manière. Au moyen de différentes techniques de visualisation, vous pouvez vraiment expérimenter toute situation comme si elle était réelle. Vous avez la possibilité de créer des réactions émotionnelles et psychologiques à ce que vous visualisez. Votre subconscient intériorisera cette information et l'entreposera comme si c'était réel, et l'univers réagira à cette énergie vibratoire par la manifestation correspondante.

> *La visualisation, c'est le rêve éveillé*
> *avec un objectif.*
> Bo Bennett

Voici un exemple d'un exercice de visualisation en deux parties. Cet exercice peint une image très vive dans votre esprit et vous permet de comprendre que vos pensées et vos émotions ont aussi de l'influence sur votre corps. Pendant que vous lisez la première partie de cet exercice, observez ce que vous ressentez émotionnellement et physiquement, et voyez comment ces sentiments et ces sensations diffèrent dans la seconde partie de l'exemple.

La visualisation du gratte-ciel
Première partie

> Prenez une profonde respiration et détendez-vous… Imaginez que vous êtes debout au milieu d'une petite terrasse au sommet du gratte-ciel le plus élevé au monde. Imaginez aussi que cette terrasse n'a aucun garde-fou… rien ne vous sépare de ce vide vertical. Alors que vous êtes debout sur cette terrasse, baissez les yeux vers vos pieds et observez de quoi est fabriquée la terrasse. Est-ce du béton, de l'asphalte, du bois, de la pierre ou des tuiles ? Remarquez que la température est belle : le soleil brille, la brise est douce et fraîche, et vous pouvez sentir la chaleur du soleil sur votre visage et sur vos bras… quels bruits pouvez-vous entendre ? Peut-être y a-t-il des pigeons ou d'autres oiseaux là-haut. Il se peut que vous entendiez un hélicoptère ou les bruits lointains de la rue plus bas… Maintenant, avancez jusqu'au bord de la terrasse et placez vos orteils directement contre le bord. Baissez les yeux vers la rue, très très loin en bas… voyez comment tout apparaît incroyablement petit de ce point de vue. Observez maintenant comment vous vous sentez… À présent, revenez

lentement vers le centre de la terrasse… et continuez de vous souvenir de la sensation que vous avez ressentie quand vous étiez debout à l'extrémité et que vous regardiez en bas.

La plupart des gens observent une réaction émotionnelle et physique. Il se peut que vous ayez senti que votre cœur battait fort, que vos paumes transpiraient, que vous étiez étourdi ou vous aviez la nausée. Peut-être étiez-vous tendu ou effrayé.

Seconde partie

Prenez une profonde respiration et détendez-vous… imaginez une fois de plus que vous êtes debout au sommet de la même terrasse, sur le même gratte-ciel que précédemment, mais cette fois-ci, vous êtes doté de magnifiques ailes en plumes blanches, et vous avez totalement confiance en votre capacité de voler. Vous vous rendez compte que vous vous sentez tout à fait en sécurité… Donc, permettez-vous d'avancer vers l'extrémité de la terrasse et lorsque vous y parvenez, pliez doucement vos genoux, poussez et envolez-vous… Remarquez comment on se sent quand on vole — sentez le vent qui pousse vivement derrière vos ailes, alors que vous montez en flèche et planez sans effort dans le ciel… laissez-vous gagner par l'euphorie et le sentiment de liberté… Après un moment, envolez-vous vers n'importe quel endroit de la planète où vous aimeriez vous rendre en ce moment même… Ce peut être un endroit préféré pour des vacances, un endroit où vous aimeriez vous rendre pour être seul, ou un endroit spécial où vous aimeriez vous retrouver avec quelqu'un d'important pour vous… Lorsque vous y parvenez, atterrissez doucement et passez quelques moments à vous amuser, à faire tout ce que vous aimeriez faire à cet endroit... observez comment vous vous sentez à cet instant, physiquement et émotionnellement.

Comparez vos différentes réactions émotionnelles et physiques lors de la première et de la seconde partie de la visualisation. Remarquez la légèreté, la joie et le sentiment d'expansion ressentis pendant la seconde partie de cet exercice.

Maintenant, pensez-y un moment. Vous n'êtes allé nulle part, vous n'avez pas quitté la pièce, vous n'avez pris que quelques minutes pour *imaginer* visuellement ces deux expériences, et pourtant vous avez probablement ressenti des changements émotionnels et physiques très différents et très distincts. Du point de vue de votre subconscient, les images vivantes que vous avez créées dans votre esprit étaient tout à fait réelles et votre subconscient a réagi aux expériences imaginées à un niveau émotionnel et physiologique comme si celles-ci avaient vraiment lieu.

Vous êtes responsable des images que vous créez dans votre propre esprit. Donc si vous passez du temps et de l'énergie à imaginer les pires scénarios, alors vous réagissez physiquement et émotionnellement à ces images et vous attirez dans votre vie ce même type d'énergie et ces mêmes circonstances négatives. Vous devez choisir de visualiser des images positives et inspirantes, de façon à créer une correspondance vibratoire pour ce que *vous voulez attirer* dans votre vie.

C'est le pouvoir de la visualisation.

Formulez et gravez dans votre esprit, de façon indélébile, une image mentale de vous-même en train de réussir. Tenez obstinément à cette image. Ne lui permettez jamais de perdre son éclat. Votre esprit cherchera à développer cette image.
Dr Norman Vincent Peale

Créez votre journée avec cette simple visualisation

Assoyez-vous bien droit dans une position confortable, fermez les yeux, et croisez les mains sur vos genoux. Maintenant, prenez de lentes et profondes respirations en aspirant par le nez et en expirant par la bouche. Concentrez-vous sur votre estomac et votre poitrine qui se soulèvent et qui s'abaissent à chaque respiration, et remarquez que vous devenez de plus en plus détendu. Maintenant, permettez à votre respiration de prendre un rythme naturel — lente, stable et détendue. Imaginez une lumière blanche radiante qui s'élève lentement du côté gauche de votre corps — commençant dans votre pied gauche et remontant progressivement dans votre jambe gauche, sur le côté gauche de votre torse, dans votre épaule, votre cou et votre visage, remontant jusqu'au sommet de votre tête, puis redescendant sur le côté droit de votre visage, de votre cou, de votre épaule, de votre torse, de votre hanche et de votre jambe, et remplissant chaque cellule de votre corps de lumière blanche radiante. Maintenant, continuez et répétez l'exercice à deux reprises à votre propre rythme, en visualisant et en ressentant la lumière blanche pure qui remonte du côté gauche de votre corps et qui redescend sur le côté droit.

En gardant toujours vos mains croisées sur vos genoux, commencez la séance de concentration. Vous pouvez choisir de vous concentrer sur un symbole visuel ou sur une image, comme une fleur, une source de lumière blanche ou un lac tranquille — vous pouvez répéter silencieusement un mot, une pensée directrice, ou un mantra comme « Paix » ou « Joie » ou « Je suis amour ». Répétez silencieusement l'image ou la pensée à plusieurs reprises sans permettre à aucune autre pensée de s'insérer dans votre esprit. Si votre esprit tend à vagabonder, ramenez-le doucement à votre point de concentration et sachez que votre capacité de vous concentrer augmentera à mesure que vous acquérez de l'expérience.

L'étape suivante en est une de réceptivité et d'observation. Séparez vos mains et placez-les avec la paume ouverte sur vos cuisses. Détendez votre esprit et observez où va votre tension — vers des pensées, souvenirs, planification, images, inquiétudes, sensations ou idées. Ne faites qu'observer et demeurez neutre.

C'est le moment de compléter l'exercice. Fermez doucement vos deux mains, et à nouveau, imaginez une lumière blanche lumineuse qui vous entoure, vous remplit et vous protège. Pendant que vous êtes encore entouré de cette lumière blanche, visualisez cette journée comme vous aimeriez qu'elle se déroule. Vous devrez peut-être vous adapter aux différentes circonstances et aux événements qui surviendront de façon imprévue. Mais continuez à créer votre journée comme vous voulez qu'elle soit, en portant une attention spéciale à votre manière d'être, à comment vous voulez agir et vous sentir aujourd'hui. Visualisez-vous en train de manifester les qualités que vous choisissez pour vous-même, comme l'amour, la joie, le courage, la force, la patience et la persévérance. Visualisez-vous en train d'interagir avec les autres avec calme, assurance, enthousiasme et clarté. Visualisez-vous en train de communiquer clairement, d'exprimer vos désirs et vos intentions, en demandant et obtenant l'attention que vous souhaitez.

À présent, voyez les mesures spécifiques que vous prendrez pour réaliser vos buts les plus importants, et créez la journée telle que vous souhaitez qu'elle se déroule. Voyez les visages et entendez les voix des personnes importantes dans votre vie qui vous félicitent pour la réalisation de vos objectifs et sur vos qualités personnelles. Maintenant, imaginez les sentiments que vous ressentez lorsque vous vivez votre journée comme vous voulez qu'elle soit ; et recréez immédiatement ces sentiments dans votre corps.

Prenez quelques profondes respirations et de nouveau, concentrez-vous sur l'élévation et l'abaissement de votre estomac et de votre poitrine pendant que vous aspirez et expirez profondément. Puis, lorsque vous êtes prêt, ouvrez lentement vos yeux et sachez que la journée sera magnifique.

> *Visez non pas ce que vous êtes,*
> *mais ce que vous pourriez être.*
>
> Lucas Hellmer

Votre livre de vision

Votre livre de vision est probablement votre outil le plus valable. C'est la carte routière de votre avenir, une représentation tangible de l'endroit où vous vous rendez. Il représente vos rêves, vos objectifs et votre vie idéale. Comme votre esprit réagit fortement à la stimulation visuelle — en représentant vos désirs par des photographies et des images —, vous renforcerez et améliorerez leur niveau vibratoire. Le dicton « une image vaut mille mots » s'applique certainement dans ce cas. L'aspect visuel des images et des photographies stimulera vos émotions, et vos émotions sont l'énergie vibratoire qui active la Loi de l'Attraction.

Vous avez déjà défini vos rêves.
Maintenant, il est temps de les accompagner d'un support visuel.

> *Ce monde n'est rien d'autre qu'une toile*
> *pour notre imagination.*
>
> Henry David Thoreau

Créez un livre de vision personnel qui illustre clairement l'avenir que vous voulez créer. Trouvez des images qui

représentent ou symbolisent les expériences, les sentiments et les possessions que vous voulez attirer dans votre
vie, et placez-les dans votre livre. Faites-en une expérience
amusante ! Servez-vous de photographies, de découpures
de revues, de photographies trouvées sur Internet — de
toute image qui vous inspire. Soyez créatif. N'incluez pas
seulement des images, mais tout ce qui vous inspire.
Songez à inclure dans votre livre une photographie de
vous-même. Si vous le faites, choisissez-en une qui a été
prise dans un moment joyeux. Vous voudrez aussi afficher
vos affirmations, vos mots inspirants, vos citations et vos
pensées. Choisissez des mots et des images qui vous inspirent et qui vous apportent un sentiment de bien-être.

C'est un livre tout à fait unique et original.
Vous en êtes l'auteur, vous en êtes l'artiste.
C'est votre carte routière.
Votre livre de vision est un livre qui ne ressemble à aucun
autre.
Vous en êtes l'auteur... il vous suffit d'y ajouter vos rêves.

   Vous pouvez utiliser votre livre de vision pour décrire
des buts et des rêves dans tous les domaines de votre vie,
ou dans un seul secteur spécifique sur lequel vous vous
concentrez. Gardez votre mission de vie à l'esprit et référez-
vous à la liste que vous avez créée au moment où vous
avez défini vos rêves. Voyez à ce que ce livre reste bien
propre et choisissez minutieusement ce que vous placez
dans votre livre de vision. Il faudrait éviter de créer un
livre désordonné ou chaotique — vous ne voulez pas
attirer le désordre dans votre vie. Souvenez-vous, ce sont
vos *rêves*, donc choisissez-les bien. Servez-vous seulement
des mots et des images qui représentent le *mieux* votre
raison d'être et votre futur idéal — et qui inspirent des
émotions positives en vous. Il y a de la beauté dans la
simplicité et dans la clarté. Trop d'images et trop d'infor-

mation risquent de vous distraire et il sera plus difficile de vous concentrer.

Si vous travaillez à visualiser et à créer des changements dans plusieurs domaines de votre vie, alors vous pouvez vous servir de plusieurs livres de vision. Par exemple, vous pouvez en utiliser un pour vos objectifs personnels et vos rêves, et un autre pour des objectifs de carrière et de finance. Peut-être voudrez-vous même conserver votre livre de vision de carrière au bureau, ou sur votre secrétaire, comme moyen d'inspiration et d'affirmation.

Comment vous servir de votre livre de vision

Essayez de garder votre livre de vision sur la table de nuit près de votre lit. Placez-le debout et ouvert aussi souvent que cela vous convient, et passez du temps chaque matin et chaque soir à visualiser, à affirmer, à intérioriser et à croire en vos objectifs. La période du soir, avant d'aller au lit, donne des résultats particulièrement puissants. Les pensées et les images présentes dans votre esprit durant les quarante-cinq dernières minutes avant de vous endormir rejoueront continuellement dans votre subconscient pendant la nuit, et les pensées et les images avec lesquelles vous commencez votre journée vous aideront à créer une correspondance vibratoire pour l'avenir que vous désirez.

Après un certain temps, et lorsque vos rêves commencent à se manifester, regardez ces images qui représentent vos réalisations, et soyez reconnaissant envers la Loi de l'Attraction pour le travail qu'elle accomplit dans votre vie. Reconnaissez que cela fonctionne. N'enlevez pas les photographies ou les images qui représentent les buts que vous avez déjà réalisés. Ce sont des rappels visuels puissants de ce que vous avez déjà consciemment et délibérément attiré dans votre vie.

Souvenez-vous d'indiquer la date à laquelle vous avez créé votre livre de vision. L'univers adore la vitesse et vous serez étonné de voir à quel point la Loi de l'Attraction réagit rapidement à votre énergie, à votre engagement, et à vos désirs. Encore mieux qu'une capsule témoin, ce livre documentera votre voyage personnel, vos rêves et vos réalisations pour cette année particulière. Il deviendra un enregistrement de votre croissance, de votre conscience et de votre développement. Vous voudrez le garder pour pouvoir vous y référer dans quelques années.

> *La plus grande aventure que vous ne pourrez jamais avoir, c'est de vivre la vie de vos rêves.*
> Oprah Winfrey

C'est une bonne idée de créer chaque année un nouveau livre de vision. Comme vous continuez à grandir, à évoluer et à vous développer, vos rêves et vos aspirations continueront aussi de croître, d'évoluer et de se développer. Ceci vous aidera à continuer à demeurer concentré, motivé et inspiré. Peut-être aimerez-vous en faire une tradition dans votre famille. Si vous avez des enfants ou de plus jeunes frères et sœurs, aidez-les à créer leur livre personnel, et encouragez aussi leurs rêves. Vous serez étonné de constater la perspicacité de ce processus, et de voir à quel point il vous donnera du pouvoir, vous inspirera et vous amusera.

Il est important de conserver et de chérir ces livres de vision. Non seulement font-ils la chronique de vos rêves, mais ils font aussi celle de votre croissance et de vos réalisations. Il n'existe rien de plus précieux que vos rêves, et ce livre en est le miroir. Ces paroles magnifiques et ces superbes images représentent *votre* avenir. Ils créent une correspondance vibratoire pour ce que vous voulez attirer et créer dans votre vie.

Utilisation de votre livre de vision :

* Consultez souvent votre livre de vision et ressentez ce qu'il vous inspire.

* Tenez-le entre vos mains et intériorisez vraiment l'avenir qu'il représente.

* Lisez à haute voix vos affirmations et vos paroles inspirantes.

* Voyez-vous en train de vivre de cette manière.

* Ressentez l'avenir que vous avez conçu.

* Croyez qu'il est déjà vôtre.

* Soyez reconnaissant pour le bien qui est déjà présent dans votre vie.

* Constatez tous les buts que vous avez déjà atteints.

* Constatez les changements que vous avez vus et sentis.

* Constatez la présence de Dieu dans votre vie.

* Constatez les résultats de la Loi de l'Attraction dans votre vie.

* Consultez votre livre de vision juste avant d'aller au lit et dès votre réveil le matin.

Imaginez votre futur.
Imaginez les possibilités.
Sachez qu'elles sont réelles.

Un rêve est votre vision créative pour votre vie dans le futur. Vous devez abandonner votre zone actuelle de confort et vous sentir à l'aise face à l'inconnu et l'inhabituel.

Denis Waitley

(12)
ATTITUDE

Votre attitude peut construire ou détruire n'importe quelle situation

C'est l'énergie que vous apportez dans la pièce. Vous pouvez adopter une attitude positive par rapport aux événements de votre vie, ou vous pouvez vous plaindre et vous lamenter. C'est *vous qui décidez*. Vous pouvez consciemment choisir de réagir d'une façon positive à presque *tout* événement ou circonstance — une attitude positive est simplement un choix que vous faites.

Vous pouvez modifier votre attitude et transformer votre vie.

> *Ce qui est important, ce n'est pas le fait auquel nous faisons face, mais bien notre attitude par rapport à lui, car c'est elle qui détermine notre réussite ou notre échec.*
>
> Dr Norman Vincent Peale

Nous connaissons tous des gens qui ont des attitudes négatives. Ce sont ceux qui se plaignent, gémissent et récriminent constamment. Rien ne semble bien aller pour eux. Ces personnes sont de perpétuelles victimes de la vie.

Il est désagréable de les côtoyer, et elles semblent presque littéralement nous « mettre à terre ». C'est qu'elles fonctionnent à une fréquence *inférieure*, et à cause de la Loi de l'Attraction elles attirent encore plus d'objets de plainte. La raison pour laquelle elles demeurent « coincées » dans leur mode de vie négatif, c'est qu'elles concentrent constamment leurs pensées et leur énergie sur leur présent et leur passé négatifs. En agissant ainsi, ces personnes passent leur temps à recréer le même genre d'avenir. Rappelez-vous, ce dont vous parlez constamment finit par vous revenir.

D'un autre côté, nous connaissons aussi des gens qui adoptent des attitudes positives — qui semblent toujours être heureux, qui donnent toujours l'impression d'avoir une prise sur les événements de leur vie. Ils sont plus amusants, leur énergie fait en sorte qu'on se sent bien en leur compagnie, et ils fonctionnent à une *plus haute* fréquence. Il semble toujours que de bonnes choses se retrouvent sur leur chemin. Pas surprenant qu'ils soient heureux ! Par les effets de la Loi de l'Attraction, ils participent activement à la création d'une vie plus heureuse en se concentrant sur les aspects positifs de leur vie actuelle, et en les appréciant ; ils ont des attentes positives face à un avenir exceptionnel.

> *Les gens sont heureux*
> *dans la mesure où ils décident de l'être.*
> Abraham Lincoln

Chaque fois que vous le pouvez, entourez-vous de ces personnes positives, stimulantes et inspirantes. Passez votre temps avec des gens évolués sur le plan spirituel, qui vous aiment et qui vous soutiennent sainement — ceux qui encouragent votre croissance personnelle et applaudissent à vos réussites. Entourez-vous d'un réseau de soutien de personnes inspirantes qui témoignent d'attitudes et d'énergie positives.

Peut-être serait-il bon que vous dénichiez un endroit de culte, un organisme caritatif, ou tout autre groupe qui soit conforme à vos désirs de croissance personnelle. Vous pouvez aussi former votre propre petit groupe de gens qui partagent des buts et des intérêts communs. L'union fait la force, et un groupe de ce type témoigne d'une connexion supérieure. En vous réunissant sur une base régulière avec un but et une intention déterminés, vous ferez tous l'expérience d'une croissance supérieure et de résultats beaucoup plus rapides. La réunion d'un groupe de réflexion offre un forum unique pour partager des idées, du feedback, de la sincérité, de la responsabilité et de l'inspiration, et pour faire du remue-méninges. Depuis de nombreuses années, ce type de groupe s'est avéré un outil puissant pour la croissance et la réussite sur le plan des affaires. Henry Ford, Thomas Edison, Napoleon Hill, Harvey Firestone et Andrew Carnegie étaient tous membres de groupes de réflexion de ce genre.

> *Je n'ai jamais réellement travaillé dans ma vie.*
> *Tout était amusant.*
>
> Thomas Edison

Donc, pourquoi devrions-nous supporter des gens négatifs dans notre vie ? Tout d'abord, souvenez-vous que vous n'êtes pas responsable de leur niveau de croissance ou de conscience. Tout ce que vous pouvez faire, c'est être un exemple pour eux et garder votre énergie vibratoire la plus élevée possible. Vous ne pouvez rien leur enseigner à moins qu'ils ne soient prêts ou désireux d'apprendre. Mais gardez à l'esprit que personne n'est totalement négatif. Vous pouvez vous concentrer sur leurs qualités personnelles et apprécier celles qui fonctionnent dans le contexte de votre relation. Vous pouvez aussi reconnaître les caractéristiques que vous aimez ou admirez chez ces personnes, et cette attitude les encouragera peut-être à exprimer encore plus ces qualités positives.

Ne jugez pas les personnes négatives de votre entourage — limitez simplement le plus possible votre temps et votre interaction avec eux (évitez-les complètement si vous le pouvez), et essayez d'être un exemple d'attitude plus positive. Bien sûr, si ces personnes sont des membres de votre famille ou des collègues de travail, il est difficile de les mettre entièrement de côté, mais essayez d'éviter toutes questions conflictuelles, conservez une attitude positive et ne vous engagez pas émotionnellement dans les conflits qui se présentent. Au bout du compte, vous devrez décider si vous voulez ou non conserver ces relations dans votre vie.

Votre attitude est cruciale — elle influence vos émotions. En retour, vos émotions influencent le champ d'énergie qui vous entoure et passe simultanément votre commande à l'univers pour recevoir encore plus de la même chose. Examinez bien attentivement et bien honnêtement votre attitude dans les différents domaines de votre vie. Y a-t-il de la place pour de l'amélioration ?

L'art d'être heureux repose dans la capacité d'extraire le bonheur des choses ordinaires.
Henry Ward Beecher

Essayez de modifier votre attitude et de trouver du plaisir dans les choses simples de la vie. Il nous est tous arrivé, par le passé, de redouter certaines tâches quotidiennes et banales. Pourquoi ne pas vous mettre au défi de transformer ces tâches en occasions de vous développer ? Pour ce qui est de sortir les ordures et de payer les factures, modifiez votre approche. Ce sont des éléments nécessaires de notre routine ; ils ne disparaîtront pas, vous devriez donc essayer d'avoir du plaisir lorsque vous vous occupez de ces tâches ! Mettez de la musique pendant que vous nettoyez la cuisine et videz la poubelle. Apprenez à bénir chaque facture que vous payez, et postez-la avec amour. Soyez reconnaissant pour la chance et tout le luxe dont vous jouissez déjà. Plutôt que de considérer ces tâches comme étant pénibles, vous pouvez complètement modifier votre énergie, avoir un certain plaisir, et considérer ces situations comme des occasions de prendre soin de vous et de contribuer à répondre aux besoins des gens que vous aimez. Lorsque vous pouvez apprendre à affronter chaque tâche et situation avec une attitude joyeuse et enthousiaste, vous remarquerez une différence immédiate dans votre vie. La vie est *littéralement* ce que vous en faites.

N'oubliez pas, cette vie est un voyage qui est fait pour être apprécié. Choisissez de maintenir une attitude positive. Soyez heureux. Soyez reconnaissant. Soyez aimant et généreux. Attendez chaque nouvelle journée avec l'impatience, l'excitation et l'émerveillement d'un petit enfant. Qui sait quelles choses étonnantes pourraient subvenir ensuite ? Ayez la foi, et ayez du *plaisir*. Votre avenir se déroulera de façon miraculeuse.

> *La plupart des gens recherchent le bonheur.*
> *Ils le cherchent. Ils essaient de le trouver dans*
> *quelqu'un ou dans quelque chose en dehors*
> *d'eux-mêmes. C'est une erreur fondamentale.*
> *Le bonheur est ce que vous êtes,*
> *et il est issu de votre façon de penser.*
> Wayne Dyer

Gratitude et reconnaissance

La meilleure attitude que vous puissiez adopter en est une de *gratitude et de reconnaissance*. En éprouvant automatiquement de la gratitude pour tout ce qui est déjà présent dans votre vie, vous y attirerez automatiquement, et sans effort, encore plus de bien. Prenez la décision consciente d'apprécier et de reconnaître toutes les bénédictions que vous avez déjà reçues. Ces émotions font partie des fréquences vibratoires supérieures, et grâce à la Loi de l'Attraction, elles vous attireront encore plus de raisons d'éprouver de la gratitude.

Essayez de ressentir de la gratitude, même pour les situations difficiles auxquelles vous devez faire face. Celles-ci nous permettent souvent de vivre la croissance spirituelle et émotionnelle la plus profonde. Vous pouvez apprendre à considérer chaque obstacle apparent comme une occasion de développer une nouvelle qualité, une nouvelle force, une nouvelle habileté, une nouvelle intuition ou une nouvelle sagesse. Éprouvez de la gratitude pour ces leçons que vous offre la vie. Chaque défi représente pour vous une autre occasion de vous développer.

Relevez ces défis, et appréciez tout ce que vous apprenez dans le processus. Si pendant ces moments difficiles, votre attitude demeure positive et reconnaissante, non seulement vous éviterez d'attirer ces situations difficiles en plus grand nombre — mais vous créerez un champ d'énergie positive qui attirera encore plus les choses que vous voulez *vraiment*.

Le bonheur est lui-même une forme de gratitude.
Joseph Wood Krutch

De toutes les attitudes que nous pouvons acquérir, l'attitude de gratitude est certainement la plus importante, et de loin, celle qui est la plus en mesure de transformer la vie.
Zig Ziglar

Un gage de gratitude

Chaque jour, essayez de glisser dans votre poche un petit gage, une pierre, un cristal, ou tout autre objet significatif. Tout le long du jour, chaque fois que vous fouillez dans votre poche pour prendre de la monnaie ou vos clés, ce gage vous servira de rappel tangible pour vous arrêter et réfléchir sur quoi vous devriez éprouver de la reconnaissance. C'est un moyen extraordinaire d'accroître votre conscience de toutes ces choses pour lesquelles vous pouvez éprouver de la gratitude. Prenez un moment pour respirer, et ressentez vraiment l'émotion de gratitude. Cette simple technique de rappel vous aidera à élever votre fréquence vibratoire et à vous garder dans un état de gratitude constante.

La joie est une attitude ;
c'est la présence de l'amour —
pour soi et pour les autres. La joie provient d'un
sentiment de paix intérieure, d'appréciation pour
soi-même et pour les autres, et de l'habileté de
donner et de recevoir. C'est un état de gratitude et
de compassion, un sentiment de connexion avec
votre être supérieur.

Auteur inconnu

Votre journal de gratitude

Commencez à tenir un journal de gratitude et de reconnaissance. C'est un outil nécessaire et précieux pour votre développement et votre état de conscience. Il n'est pas nécessaire que chaque entrée quotidienne soit une longue tirade telle que vous le feriez pour votre journal personnel ; une liste courte et simple de cinq choses pour lesquelles vous êtes reconnaissant pendant cette journée particulière sera suffisante.

Gratitude. Chaque soir, avant d'aller au lit, prenez quelques minutes pour revoir votre journée. Réfléchissez aux événements de la journée. Prenez conscience de la quantité de bonnes choses qui vous sont arrivées ce jour-là, et souvenez-vous d'apprécier même les difficultés que vous avez rencontrées. Choisissez les cinq choses, personnes, ou événements pour lesquels vous êtes le plus reconnaissant. Ici, rien n'est bon ni mauvais, uniquement ce pour quoi ou pour qui vous êtes sincèrement reconnaissant est important. Ce peut être le chaud soleil sur votre visage, une brise froide, un mot gentil, un ami, ou simplement être satisfait de la façon dont vous avez traité une situation particulière, qui par le passé, vous aurait fait paniquer. *Tout* ce pour quoi vous éprouvez de la gratitude. Pendant que vous écrivez ces choses ou événements dans votre journal, *ressentez* la gratitude. Rendez grâce.

Constat : Prenez un moment pour reconnaître les changements qui vous arrivent personnellement. Notez-les. Constatez l'influence de la Loi de l'Attraction dans votre vie. Notez tous les événements particuliers où la Loi de l'Attraction était à l'oeuvre — l'espace de stationnement que vous aviez visualisé la réunion que vous aviez voulu programmer, le chèque de bonus que vous avez reçu, la note que vous souhaitiez obtenir, la personne qui a accepté de sortir avec vous. Les miracles peuvent se produire, et se produisent réellement, quotidiennement. Ils se produisent tout autour de vous. Honorez-les et remarquez-les. Par la reconnaissance, vous deviendrez de plus en plus conscient de l'étonnante synchronicité déjà à l'oeuvre dans votre vie.

Le temps consacré à la contemplation et à l'écriture de votre journal de gratitude et de reconnaissance devrait être une partie sacrée de votre routine quotidienne. Vos expressions continues de joie et de gratitude attireront encore plus de joie, d'amour et d'abondance dans votre vie.

Vous commencerez à remarquer un changement dans votre perception de chaque événement quotidien. Vous prendrez encore plus conscience des choses positives qui se produisent tout autour de vous dans une seule journée. Les choses sur lesquelles vous vous concentrerez seront différentes, votre énergie se transformera et vous commencerez à apprécier à quel point vous êtes béni. Et... la Loi de l'Attraction répondra à la vibration supérieure que vous créez.

Appréciez le voyage.
Vivez chaque jour dans la joie et la gratitude.
Reconnaissez la présence de Dieu dans votre vie.

Il y a de la sérénité à vivre dans la gratitude, une joie paisible.
Ralph H. Blum

(13)
PRIÈRE ET MÉDITATION

La prière et la méditation sont nos liens avec Dieu, avec notre puissance supérieure

Prenez un peu de temps chaque jour, pour vous éloigner du désordre et du bruit. Lorsque vous vous engagez quotidiennement à passer du temps dans ce lieu paisible, vous vous engagez à vivre la clarté et la paix intérieure. Nous avons besoin de ce temps et de cet espace dans nos vies afin de nous rappeler qui nous sommes vraiment, ce qui est important pour nous, et quelles sont nos vérités personnelles. C'est le temps que nous prenons pour calmer notre esprit et apaiser notre âme. Ce moment nous permet de rééquilibrer notre vie, et il nous reconnecte à notre Source.

C'est par la prière, la méditation et la contemplation que nous sommes le plus en mesure d'entendre notre propre voix intérieure. C'est un temps d'arrêt pour nous connecter non seulement avec Dieu, mais avec nous-mêmes et notre subconscient créatif. Ce moment d'intériorisation nous nourrit aux niveaux les plus profonds, physiquement, émotionnellement, et spirituellement.

Certaines personnes disent que la prière nous permet de parler à Dieu, et que la méditation nous permet de l'écouter. Par un état de contemplation paisible, nous pouvons regarder à l'intérieur de nous et nous reconnecter avec la profondeur de notre vérité et sagesse. Chacune de ces pratiques nous permet d'ouvrir notre cœur et notre esprit et de nous préparer à recevoir l'inspiration et les conseils divins.

La valeur de la prière constante, ce n'est pas qu'Il nous entendra ; mais que nous L'entendrons.
William McGill

Si c'est la première fois que vous méditez, voici une structure simple à utiliser

Trouvez un lieu tranquille et confortable, et réservez une période d'au moins dix à quinze minutes où vous ne serez pas dérangé. Asseyez-vous confortablement, le dos bien droit — sans qu'il soit raide. Prenez une profonde respiration, détendez-vous et essayez de mettre de côté toutes les pensées du passé et du futur. Concentrez-vous seulement sur le moment présent.

Prenez conscience de votre respiration, en étant attentif à la sensation de l'air qui entre et qui sort de votre corps lorsque vous respirez. Sentez votre estomac qui doucement s'élève et s'abaisse pendant que vous inhalez… et expirez. Ressentez la fraîcheur et la chaleur de l'air qui entre et qui sort de vos narines lorsque vous inhalez et expirez. Observez le changement entre chaque respiration, et remarquez comment chacune d'elle est différente.

Observez vos pensées qui vont et viennent. Lorsqu'elles arrivent dans votre esprit, ne les ignorez pas ni ne les supprimez — ne faites que les observer et laissez-les dériver, en continuant toujours à vous concentrer sur votre respiration.

Si vous découvrez que vous êtes emporté par vos pensées, ne faites qu'observer où va votre esprit, et sans vous juger, revenez à nouveau à votre respiration. Laissez votre respiration servir d'ancre à vos pensées.

Lorsque l'activité tire à sa fin, asseyez-vous tranquillement, et doucement, permettez à vos pensées et à votre conscience de revenir sur ce qui vous entoure. Levez-vous graduellement et étirez-vous pendant une minute ou deux. Vous êtes maintenant prêt à retourner à vos activités normales, détendu et dispos.

Si nous connaissons l'art divin de la concentration,
si nous connaissons l'art divin de la méditation,
si nous connaissons l'art divin de la contemplation,
nous pouvons facilement et consciemment unir
le monde intérieur et le monde extérieur.

Sri Chinmoy

Il existe plusieurs formes de méditation, mais en général, elles consistent simplement à rester immobile et tranquille, pendant une période de temps, en concentrant votre attention sur votre respiration ou sur un mantra choisi. Si vous abordez pour la première fois la pratique de la méditation, au début vos pensées dériveront, et votre esprit vagabondera. Lorsque cela se produit, souvenez-vous de ne pas vous traiter durement. Cela fait partie de votre apprentissage de la méditation. On raconte que méditer, c'est comme se tenir sur le bord d'une rivière à observer les bateaux qui passent. J'adore cette métaphore. De temps en temps, vous découvrirez que vous avez été emporté par un de ces bateaux et que vous vous laissez emporter en descendant la rivière. Il vous suffit de sortir du bateau ; retourner sur la rive, pour recommencez à observer les bateaux (vos pensées). Ne vous inquiétez pas de savoir si « vous réussissez ou non ». Votre habileté à demeurer concentré s'améliorera avec le temps et la pratique.

La pratique régulière de la méditation vous aidera à libérer votre esprit des distractions, à purifier vos pensées, et à améliorer votre connexion spirituelle. Cette pratique donne une vigueur nouvelle à l'esprit, détend le corps, et calme l'âme. La méditation est un outil de réflexion et d'exploration intérieure ; c'est aussi l'un des meilleurs moyens pour interrompre le fil de vos pensées de façon à recevoir les conseils divins. Par la pratique de la méditation, vous commencerez à devenir encore plus conscient de la subtilité et de l'aspect intuitif de vos impulsions, intuitions, idées, émotions et inspirations.

La méditation est la dissolution des pensées dans une conscience éternelle, ou la pure conscience sans l'objectivation, la connaissance sans la réflexion, qui unit la finitude à l'infinité.

Voltaire

Chaque jour, passez un peu de temps dans un paisible état de contemplation, de prière ou de méditation.

Voici une simple invocation que vous pouvez utiliser pour commencer

En cherchant à transformer nos vies,

Nous demandons de recevoir des conseils et la clarté d'esprit.

Nous demandons de trouver notre but, notre mission dans la vie.

Nous demandons l'inspiration divine.

Nous demandons à servir.

Nous demandons de l'aide pour libérer tous les anciens schémas négatifs ou limitatifs de pensée.

Nous demandons que nos pensées et que nos actions servent au plus grand bien de tous.

Nous demandons qu'il se produise des miracles, non seulement dans notre propre vie, mais dans la vie des autres.

Nous sommes reconnaissants.

Nous demandons la paix.

Nous demandons l'harmonie.

Nous demandons de faire une différence dans le monde.

L'état de prière et de méditation produit une alchimie intérieure. Ces pratiques nous aident à vider notre esprit des inquiétudes et des pensées négatives, en les remplaçant par de la joie, de l'euphorie et de l'amour. Ce sont des processus *transformationnels* qui vous changeront à un niveau cellulaire. La prière et la méditation modifieront littéralement votre configuration d'ondes cérébrales, augmentant vos bons sentiments et créant une sensation de bonheur. De plus, la fréquence vibratoire de ces émotions positives est en parfaite harmonie avec ce que vous voulez attirer dans votre vie.

Par la prière, la contemplation et la méditation, vous vous alignez à une puissance supérieure et vous vous ouvrez au potentiel illimité et à l'infinie sagesse de l'univers. Votre dévotion et votre engagement à la croissance et au développement spirituels modifient votre niveau de conscience et vous ouvrent à une plus grande prise de conscience des miracles, circonstances, possibilités et synchronicités déjà au travail dans votre vie. Par la prière, vous *constatez* aussi la présence Divine. Vous *constatez* qu'il existe une puissance supérieure dans votre vie.

La prière, la contemplation et la méditation sont des outils essentiels et puissants de votre vie.
Engagez-vous à les utiliser.
Ils ouvrent des portes.

> *Tout ce que vous demanderez avec foi*
> *par la prière, vous le recevrez.*
> Mathieu, 21:22

(14)
ACTION

Passez aux actes

Commencez par ouvrir votre esprit et votre cœur. Engagez-vous à utiliser quotidiennement les outils que nous vous avons fournis, et efforcez-vous d'être encore plus conscient de l'étonnante synchronicité déjà présente dans votre vie. Balayez toutes pensées ou émotions négatives qui subsistent encore. Balayez tous vos doutes. Et alors, chaque jour, agissez de manière à vous aligner avec votre raison d'être et la réalisation de vos rêves.

Il existe deux types d'actions que vous pouvez entreprendre

Action évidente

Nous connaissons tous l'action évidente. En voici quelques exemples : si vous voulez une nouvelle voiture, vous sortez pour faire l'essai routier de toutes les voitures qui vous intéressent ; vous choisissez exactement le modèle et la marque que vous désirez ; et vous déposez 10 pour cent de votre revenu dans un « compte voiture ». Si vous voulez devenir médecin, il faudra vous faire admettre dans une faculté de médecine ; suivre les cours préparatoires nécessaires à cette discipline, et ainsi de suite. Les actions évidentes sont logiques et plutôt prévisibles. Elles émergent de l'esprit conscient.

Action inspirée

L'action inspirée est beaucoup moins linéaire, et vous aurez souvent l'impression qu'elle n'a aucune relation avec vos buts ultimes. Une fois que vous commencez à prendre contact avec votre conscience supérieure, en vous servant de votre livre de vision, des affirmations, de la visualisation, du journal quotidien de gratitude, des méditations et de la prière, l'univers commencera à réagir en mettant sur votre chemin les idées, les gens, les occasions, l'argent et d'autres ressources nécessaires pour réaliser vos désirs et concrétiser vos rêves.

Vous découvrirez que vos rêves vous procurent des idées inspirées, des impulsions intuitives, et vous donnent un élan. Vous devez réagir devant ces rêves. Laissez votre curiosité et vos intérêts vous guider. C'est ce qu'on appelle l'*action inspirée*. C'est une action née de votre volonté de vous fier à votre intuition, de suivre vos pressentiments, et d'écouter votre voix intérieure. L'action inspirée est une véritable démonstration de votre croyance et de vos attentes positives. Ce type d'action est canalisé par le subconscient et est inspiré par votre conscience et votre ouverture d'esprit face aux possibilités qui vous entourent. Il révèle votre niveau de confiance et la qualité de votre connexion. Lorsque nous sommes mus par une action inspirée, il est nécessaire d'avoir la foi, puisque le cheminement et le résultat de ce type d'action sont moins formels que l'action évidente.

Les rêves passent à la réalité par l'action.
Des actions découlent à nouveau les rêves ;
et cette interdépendance produit
la forme la plus élevée de vie.

Anais Nin

Il arrive souvent que les messages de votre intuition soient très subtils, et il peut sembler, de prime abord, n'y avoir aucune relation directe avec la réalisation de vos rêves ; mais si vous suivez ces intuitions, votre vie se remplira de magie. Selon la nature de vos désirs, vous serez rapidement conduits dans une merveilleuse voie de transformation, de croissance et d'épanouissement. Ce chemin peut vous sembler fort différent de celui que vous aviez imaginé originellement. Apprenez à faire confiance à votre être profond. Apprenez à faire confiance au processus. Apprenez à faire confiance à Dieu et à l'univers. Vous créez votre vie en compagnie d'une puissance supérieure capable de comprendre et de voir mieux que vous ne saurez jamais le faire.

Préparez-vous donc à suivre non seulement les étapes logiques et évidentes qui vous mèneront dans la direction de vos rêves et de vos aspirations, mais suivez aussi les chemins qui semblent moins évidents. Ayez la foi, et soyez prêt à avancer avec confiance et conviction en vos désirs, en sachant que l'univers vous soutiendra dans tous vos efforts. Chacune de vos actions n'est qu'une extension logique de votre croyance et de votre confiance. Si vous ne croyiez pas vraiment que quelque chose soit possible, vous ne passeriez jamais à l'action.

La différence fondamentale de cette approche, c'est que l'*action évidente* dépend vraiment uniquement de vous, tandis que l'*action inspirée* vous demande d'utiliser le pouvoir de votre subconscient, de croire et de créer en compagnie de Dieu et de l'univers. L'idéal, c'est une combinaison des deux. Confiez-le à Dieu, *et* soyez prêt à accomplir le travail !

> *La pensée est la floraison ;*
> *la parole est le bourgeon ;*
> *l'action est le fruit en dessous.*
>
> Ralph Waldo Emerson

Souvenez-vous que par la Loi de l'Attraction, l'univers vous fournira tout ce dont vous avez besoin pour atteindre vos buts. Vous attirerez les ressources, les idées, et les gens nécessaires dans votre vie. Mais c'est à *vous* de les reconnaître, et c'est à *vous* de poursuivre jusqu'au bout vos pensées et vos idées inspirées.

Tout ce que vous voulez est là, attendant que vous le demandiez.
Tout ce que vous voulez vous cherche aussi, mais vous devez agir pour l'obtenir.

L'univers veut que vous réussissiez.

> *Attendez-vous à ce que chacun de vos besoins soit comblé. Attendez-vous à trouver une solution à chacun de vos problèmes. Attendez-vous à l'abondance à tous les niveaux.*
>
> Eileen Caddy

Commencez à faire de la place dans votre vie pour la beauté et l'abondance auxquelles vous avez droit. Reconnaissez votre puissance. Il n'est pas suffisant de rêver et de désirer ; vous devez vraiment être prêt à prendre des mesures, intérieurement autant qu'extérieurement, vers la création de la vie de vos rêves. Vous devez aussi être suffisamment discipliné pour poursuivre jusqu'au bout les rituels quotidiens qui vous permettront de demeurer dans un état de vibration positive, qui constitue une correspondance pour l'avenir que vous désirez.

Donc, engagez-vous à accomplir quotidiennement des gestes.

Intégrez ces rituels dans votre routine quotidienne :

Rituels quotidiens

1. Commencez chaque journée en prenant au moins cinq minutes pour concentrer votre esprit sur vos désirs, buts et intentions. Installez-vous confortablement, fermez les yeux, et visualisez tous vos buts et tous vos désirs comme s'ils étaient déjà réalisés. Ressentez vraiment les émotions de cette réalité. Voyez votre journée se passer exactement comme vous aimeriez qu'elle se passe.

2. Servez-vous chaque jour de vos outils. Votre livre de vision, votre journal de gratitude, votre gage de gratitude, et les affirmations vous fourniront une inspiration externe tangible et modifieront positivement votre champ énergétique. Engagez-vous à vraiment utiliser ces outils quotidiennement, et appliquez-les dans votre vie.

3. Commencez à prendre conscience, chaque jour, du nombre de fois où vos réactions émotionnelles ne sont pas conformes à votre raison d'être ou à la création de la vie que vous désirez. Chaque fois que vous reconnaissez cela, faites un changement. Changez de pensées et de sentiments et remplacez-les par ceux dont la correspondance vibratoire est semblable à ce que vous voulez attirer.

Mettez l'accent sur ce qui vous apporte de la joie, et voyez à ce que vos attentes demeurent positives.

4. Rappelez-vous de l'importance de la gratitude et de l'appréciation dans tous les domaines de votre vie. Prenez du temps chaque jour pour vous connecter à Dieu et à vous-même.

5. Quotidiennement, *prenez des mesures* par rapport à ce qui est conforme à votre but, vos objectifs, et vos désirs. Soyez attentif et conscient. Agissez selon vos idées inspirées. Faites confiance à vos émotions et à votre intuition. Soyez attentif et réagissez au feedback que vous recevez. Chaque jour, accomplissez quelque chose qui est relatif à la concrétisation de vos rêves.

6. Constatez que la Loi de l'Attraction est à l'œuvre dans votre vie. Avec chaque preuve de son effet, faites-en le constat et exprimez votre reconnaissance. Plus vous constaterez son efficacité, plus elle sera efficace. C'est aussi simple que cela.

Voyez où votre propre énergie veut aller, et non où vous pensez qu'elle devrait aller. Faites quelque chose parce que cela vous semble juste, non parce que cela fait sens. Suivez l'impulsion spirituelle.
Mary Hayes-Grieco

Tenez très fort à votre raison d'être et à la vision que vous avez créée pour votre avenir. Appropriez-vous-les avec chaque once de votre être. Voyez à ce que toutes vos actions soient alignées à votre mission supérieure, et à ce que vos intentions soient pures. Vous attirerez dans votre vie des choses étonnantes et magnifiques. Donc, ne craignez rien, amusez-vous et soyez prêt à prendre quelques risques. Visez les étoiles, et sachez que vous êtes soutenu de toutes les façons possibles.

Avancez avec confiance dans la direction de vos rêves et de vos désirs. Croyez non seulement qu'ils sont possibles, mais qu'ils sont déjà en train de se réaliser.

Si vous avez le courage de commencer,
vous avez le courage de réussir.
David Viscott

(15)
CROIRE

Croire

Les outils que nous vous avons fournis prépareront le sol, mais c'est *vous* qui devrez planter les semences et créer un environnement qui permettra la croissance et l'expansion. Maintenant que vous avez passé votre commande à l'univers, vous devez avoir la foi. Soyez résilient. Ayez confiance que les choses sont déjà en cours de réalisation, et offrez votre gratitude à Dieu. Même si vous ne connaissez pas le chemin que prendront vos rêves, ce chemin *se révélera* de lui-même. Soyez prêt à agir. Une fois que vous vous engagez à poursuivre vos rêves, la Loi de l'Attraction s'occupera du reste. La vie vous présentera les gens, les circonstances et tout ce qui vous est nécessaire pour concrétiser vos rêves.

> *Vous devez être le changement*
> *que vous voulez voir dans le monde.*
> Mahatma Gandhi

Nous espérons que vous vous engagerez personnellement à créer une meilleure vie pour vous-même et un meilleur monde pour nous tous. Imaginez les possibilités. Imaginez à quel point ce monde sera incroyable, à mesure que nous prenons tous le virage nécessaire pour atteindre la conscience et pour devenir des êtres positifs. Nous avons le pouvoir de transformer l'énergie de l'ensemble de la planète, une personne à la fois. Par notre conscience, notre générosité, notre engagement et notre intention, il nous est vraiment possible de vivre en accord avec les lois naturelles de l'univers et de restaurer notre équilibre avec la nature. Nous pouvons créer un monde rempli d'amour, de joie, d'harmonie et de paix.

> *Laissez tomber vos petites ambitions,*
> *venez et sauvez le monde.*
> Saint François-Xavier

Nous avons vécu bien trop longtemps dans un état d'aveuglement, tout à fait inconscient de notre véritable puissance. Il est maintenant temps de réclamer notre pouvoir. Il est maintenant temps d'accepter l'entière responsabilité pour l'état de nos vies et celui du monde dans lequel nous vivons. Il est maintenant temps de réclamer la joie et l'abondance auxquelles nous avons légitimement droit.

La Loi de l'Attraction est toujours en mouvement.
Vous avez déjà commencé
L'avenir vous appartient.

Voyez-le. Ressentez-le. Croyez-y.

> *Commencez par faire le premier pas*
> *dans la foi. Vous n'êtes pas obligé de voir*
> *l'ensemble de l'escalier. Vous n'avez qu'à monter*
> *la première marche.*
> Martin Luther King Jr

Pour vraiment vivre la Loi de l'Attraction et créer la vie de vos rêves :

* Servez-vous quotidiennement de vos affirmations.
* Servez-vous quotidiennement de votre journal de gratitude.
* Servez-vous quotidiennement de votre livre de vision.
* Passez du temps chaque jour à prier et à méditer.
* Demeurez fidèle à votre mission.
* Croyez en vos rêves.
* Concentrez-vous sur le positif.
* Vivez dans un état de gratitude constante.
* Visualisez la vie que vous désirez.
* Soyez passionné à propos de la vie.
* Soyez généreux.
* Soyez heureux.
* Faites les choses qui vous rendent bien.
* Trouvez le meilleur dans chaque situation.
* Écoutez votre voix intérieure.
* Réagissez aux feed-back internes et externes.
* Poursuivez jusqu'au bout vos pensées inspirées.
* Prenez conscience des miracles qui se produisent autour de vous.

- Soyez prêt à prendre des risques.
- Avancez avec confiance.
- Constatez les changements que vous voyez et que vous sentez.
- Souvenez-vous de la Loi de l'Attraction.
- Ayez confiance.
- Abandonnez-vous à Dieu, à la Source, à l'univers.

Voici la clé pour déverrouiller la Loi de l'Attraction.
Voici la clé de votre avenir.

À PROPOS DES AUTEURS

Jack Canfield est coauteur et rédacteur en chef de la série *Bouillon de poulet pour l'âme* qui est couramment le succès numéro 1 du *New York Times*. La série comprend actuellement 146 titres, avec plus de 100 millions d'exemplaires publiés en quarante-sept langues. Ses publications incluent aussi : *The Success Principles: How to Get from Where You Are to Where You Want to Be* ; *The Power of Focus* et *Le pouvoir d'Aladin*.

On connaît aussi Jack comme l'un des professeurs en vedette dans le film et le livre à grand succès *Le secret*. Il est aussi apparu dans plus de mille émissions de radio et de télévision, incluant *Oprah*, *Montel*, *Larry King Live*, *20/20*, et dans sa propre émission spéciale au réseau PBS, *The Secret to Living the Law of Attraction*.

Il est aussi le fondateur et le PDG de *Self Esteem Seminars, inc.* et *The Canfield Group*, qui forment des entrepreneurs, des chefs d'entreprise, des gestionnaires, des professionnels de la vente et des éducateurs à réaliser plus rapidement leurs buts personnels, professionnels et financiers. Jack a présenté ces principes universels et ces stratégies importantes depuis plus de trente-cinq ans à des sociétés, des agences gouvernementales et des universités dans plus de trente pays.

Jack et son épouse, Inga, de même que leurs trois enfants — Christopher, Riley, et Travis — habitent à Santa Barbara, en Californie.

Pour plus d'information sur Jack, allez sur : www.jackcanfield.com

D.D. Watkins a toujours cru que tout est possible. Elle est mère de famille au travail, une entrepreneure prospère, et une artiste qui admet que ce sont les défis, l'inspiration et la croissance personnelle qui lui ont permis de réussir.

Depuis des années, elle conçoit et crée des installations artistiques à travers le monde. Ses plus récentes réalisations ont inclus des projets d'architecture, d'intérieur, et de conception graphique. Amoureuse des mots, de la sagesse, des livres et de la beauté, elle explore actuellement les domaines de l'écriture et de la peinture en plein air. Elle a choisi d'élire domicile à Santa Barbara, en Californie.